바다에 쓴 상형문자

이형심 시인은 전남 영암에서 태어나 2012년 《문학세계》로 등단하였으며, 전남대학교 평생교육원 문예창작과정을 수료했다. 여수문인협회 회원이며 여수화요문학회와 물꽃시낭송회 동인으로 활동하고 있다.

e메일 : aman8005@hanmail.net

리토피아포에지 · 117
바다에 쓴 상형문자

인쇄 2021. 8. 20 발행 2021. 8. 25
지은이 이형심 펴낸이 정기옥
펴낸곳 리토피아
출판등록 2006. 6. 15. 제2006-12호
주소 21315 인천광역시 부평구 평천로 255번길 13, 903호
전화 032-883-5356 전송032-891-5356
홈페이지 www.litopia21.com 전자우편 litopia999@naver.com

ISBN-978-89-6412-146-7 03810

값 10,000원

* 이 책의 판권은 지은이와 리토피아에 있습니다.
* 잘못 만들어진 책은 바꿔드립니다.

* 이 시집은 (재)전라남도 문화관광재단의 지원을 받아 제작되었습니다.

이형심 시집

바다에 쓴 상형문자

시인의 말

일상을 살아가고 있는
어느 순간 나는 시詩를 선택했고,
그로부터 하루하루 연애하듯 십여 년의 세월이 흘렀다.

일상에 새겨진 기억은
머릿결에 굴러 떨어지는 비듬 같은 것일지라도,
지나가는 시간을 불러 세울 일이다.

오아시스처럼 갈증을 풀어주고
뼈마디 저려오고 오장육부가 시원해지는 시詩.

내 은하계의 행성에 오색의 운석들이 떨어지길 꿈꾸며,
겉은 부드럽고 매끄러워 보여도
속은 갖가지 양념으로 가득 찬,
속살 깊은 너를 만날 날을 노래한다.

첫 시집을 꾸리며
마음에 감사의 기념비를 세운다.

2021년 여름
이형심

차례

제1부

노둣길 가다	15
꽃섬의 가을	16
백양사에서	18
여자도汝自島	19
홍도, 물들다	20
바다에 쓴 상형문자	22
용호정에서	23
사도沙島	24
가사리의 봄	26
동화 속 마을	27
섬이 있는 장도	28
섬사람의 섬	30
노인의 바다	32
와온에 안기다	33
물들어 가는 여정	34
구례 산동 산수유	36
겨울 강가에서	37
낙타가 우는 법	38
러너스 하이	40
청산도	42

제2부

흔들리고 싶은 아침	45
표절하다	46
가을이 살고 있는 집	48
길 너머의 길	50
여자를 펼치다	52
할머니의 겨울 풍경	54
제 멋대로 친구	56
내 몸 속으로의 여행	58
발효의 시간	59
직립의 길	60
뿌리의 길	62
새벽을 깨우는 소리	63
그녀를 엿보다	64
접두사 '풋'	65
새벽을 거닐다	66
농익은 가을	68
구멍 난 기억	70
백야 등대길	72
밤 벚꽃팅	73
낯선 풍경	74

제3부

가을 알람 소리	77
해찰하다	78
천생연분, 은행나무	80
우물가의 여인들	82
보랏빛 기억	84
안테나 주파수를 맞추다	86
꽃씨 우체국	87
다시, 그리움	88
그 해 여름	90
아버지의 여름	92
문득, 가을 아침	93
11월을 편집하다	94
나지막이 속 찬 노래 할 수 있다면	96
나에게로 보내는 편지	98
바다의 그늘	100
프리허그	101
엔젤트럼펫	102
마음의 물꼬	104
백량금의 눈빛	106
달빛 연가	107
손녀, 시인	108

제4부

뒤가 간지러운 오후　　113
긴요한 시선　　114
봄똥　　115
바다를 발묵하다　　116
떡잎의 발설　　118
겨울 초록　　120
바위와 이끼와 고사리　　121
철없는 코스모스　　122
허공의 진술　　124
바람의 네트워크　　126
위험한 외출　　128
바다꽃, 피다　　129
군무　　130
상처　　132
식탁 위의 그녀　　133
나뭇잎 식사법　　134
꽃 시샘의 면죄부　　135
화법畵法, 구름을 희롱하다　　137
빈집의 습관　　138

해설/신병은 착한 풍경이 되다
—이형심 시집 읽기　　139

| 제1부 |

노둣길 가다

어느 외딴길, 돌담길 걷는 상상을 하다가
겨울 빈 바닷가에 섰다
갯가에 아직 하얗게 성에가 남았는데
황망한 저 바다에 무슨 노둣길이 있을까
멍해진 머릿속을 더듬으며
바닷물의 뒷걸음질을 하나 둘 세고 있다
파도와 바람은 날카롭게 석벽에 부딪혀
송글송글 석화알갱이를 키우고
젖은 몸이 서서히 제 모습을 드러내며
서두르지 않고 천천히 걷고 싶은 사람을 부른다
파도소리에 섞여 갯골에 피어오르는
느릿한 소통의 길
뻘밭 가득 찬 하루해가
물골의 아가미에 들어가고 나간다
햇살의 근육이 득량만을 휘둘러 팔영산으로 뻗치고
닻을 내린 바람이 우도포구 배 위에 머물다 가면
바다는 그리워하는 생의 흔적을
노둣길 위에 쓴다

꽃섬의 가을

구수하게 낙엽 타는 냄새
나뭇잎 톡톡 건드려요
연지 찍는 햇살, 바람을 꼬드기며 손사래도 쳐요

가을은 계절의 집중이지요
백야 선착장에 모여든 꽃들이 난리 났어요
물감 쏟아 놓은 바다를 품에 안은 섬에는
가슴 먹먹하게 함초롬한 구절초며
바람개비처럼 꽃대 올린 쑥부쟁이 꽃들이며
노루 눈망울 같은 빨간 맹감 열매도
때 늦게 바람을 맞는 보리수꽃도
함께 어울려 난리법석이에요
길 따라 걷는 그리움도 그대로 꽃이 되었어요

생각해 보면 가을은 가는 것이 아니었어요
있는 듯 없는 듯 은은한 향기로 남아
떠나고, 보내는 정情도 그대로 꽃이 되어 피었어요

〉

막산 전망대 아래

빨갛게 꽃그림 번지고

하화도, 꽃섬에 가을이 톡톡 튀며 익어가네요

백양사에서

햇살 속에 수줍은 듯
몽실한 연두 잎들이
꽃잎 날리며 인사를 한다

초록이 내려앉은 맑은 물소리
아기단풍 조잘대는 소리
청아한 직박구리 소리

절 집에 오래된 고매 한 그루
수많은 계절을 견뎌낸 흔적들
길섶에 갈참나무의 참선,
그날, 백양사를 전세 낸 그 여인들

물들이고 물들면서
치맛바람을 일으키니
나무들이 한 뼘 더 굵어졌다고
애기 단풍들이 더 붉어졌다고 출렁인다

여자도 汝自島

바다도 하늘도 살을 맞대고 사는
여자

새꼬막 낙지 전어 꽃게 쭈꾸미 새우 송어 소라처럼
꼼지락거리는 물 좋은 여자

밤낮으로 바람의 휘모리장단에 춤추는
칼칼하고 쌀쌀맞은 그 여자

홍도, 물들다

바람이 수채화를 그리기 시작하자
농무濃霧는 홍도를 삼켰다 토하기를 반복한다
파도가 암석에 부딪칠 때마다
하얀 포말을 남기며 바위는 가부좌를 튼다
기둥바위, 시루떡바위, 고릴라바위, 거북바위, 만물상바위,
부부바위, 칼바위, 공작새바위, 남문바위, 물개바위, 병풍바위, 탕건바위, 원앙바위, 지도바위……
가라앉았다 떠올랐다
파도의 높이에 키를 맞추어 출렁이며 제 속을 뒤집는다
절벽 한켠을 부여잡고 수직으로 살아온 생이거나
바다 갈피마다 박음질하는 풀과 나무들
제 살결로 무늬 지며 출렁거린다
동백나무, 후박나무, 황칠나무, 구실잣밤나무 군락지를 따라
한낮에도 어둑어둑한 푸른바다를 품고
저 홀로 고독했음을,
섬이 바다 되고 바다가 섬이 되어

물들고 물들었음이라
저물녘 홍도,
섬과 바다가 하나로 스며들었음이리라

바다에 쓴 상형문자

바다가 내려다보이는 창문 너머
작은 섬 하나 툭, 밀고 들어온다
은빛 물너울은 치마폭을 휘감고
돛은 바람 따라 소스스 물길을 낸다
밀려 왔다가 온종일 수평선만 바라보다
훌쩍 떠나는 사람들
찻잔이 서서히 식어갈 때
전해져 오는 냉기와
콧속으로 파고드는 짭조름한 바다 냄새,
누구나 말없이 빈 바다를 마시며
섬 하나씩 품고 산다는 것을
장도섬 풍경을 베껴 쓰고야 알았다
갈매기는 상형문자를 남기며
먼 바다로 날아가고
사람들은 모래 위에 발자국 낙관을 찍으며
바람 따라 사라진다

용호정에서

삐죽삐죽 두릅이 눈 뜬 오솔길 사이로
숲 향을 따라 언덕에 오른다
이른 봄 산꽃들의 그윽한 내음도 좋아라
유유히 흐르는 섬진강 줄기를 내려다보니
<u>스르르스르르</u> 물오리 옛스럽고
직립의 대숲은 그 옛날 선비 닮아 좋아라
사륵사륵 댓바람소리 스산할 때
충심은 올곧게 서서
한 발 한 발 내 딛을 때마다 중심을 잡는다
강변에는 무리지어 오리 떼 날고
솔바람은 귓불을 만지며 스친다
몸 낮춰 갓 난 쑥 한 줌 마주 할 때
용호정 누각에 시 읊는 바람소리
강에 몸 누인 벚나무도
봄의 봉인을 해제하고 귀를 풀어 놓는다

사도沙島

썰물이 시작되면
먼 바닷가 갯것들이 울어대고
바람이 옆구리를 휘감을 때
섬은 울음통이 된다

지층과 암반에 한 생을 두고
세월을 응시하는 내력으로
밀물과 썰물 사이 한 몸이 되기도 하고
서먹서먹하게 서로 등을 돌리기도 하는데
오랜 세월 먼 바다만 바라보며
바람 숭숭 든 돌담에서도
파도소리보다 먼저 공룡 발자국 소리 들린다

사도 섬길을 걸을 때
오래된 기억 속에서 환청이 된

아버지의 발자국 소리도
사그락사그락 뒤 따라 온다

가사리의 봄

'뜨음 뜨음 삐끔 삐끔 빽'
옥타브 높아지는 갯벌의 울림
'아 살아있구나'
합창 연습에 방해가 될세라 살금살금 해변을 걷다
허리 굽혀 수군거리는 풀잎에 앉는다
곱게 단장한 민들레 철쭉 광대나물 네잎클로버
봄꽃들이 눈길을 주는데
여자만이 펼쳐진 가사리 들녘
갈대숲은 너울파도로 출렁인다
바람 빠진 고무풍선 늘어지듯 땡볕에
햇살도 졸고
휘파람 몇 모금 날리며 사라진 새떼의 그림자에
내 눈꺼풀도 가만가만 내려앉는다
솜사탕 같은 봄,
아지랑이가 눈을 살포시 감기나 보다

동화 속 마을

 자전거 타고 굴렁쇠 굴리는 아이들이 있다 해안을 따라 미술관까지 자연으로 소통하는 포토존이 즐비하다 객을 낯설어 하지 않는 집들이 파랗고 빨갛게 피었다 패류 껍데기 나룻배 솟대까지 쓰레기들도 마을에 스며들어 숨 쉬는 예술이 살아난다 벽화가 흘리는 느림이 파스텔로 번진다 바다를 앞마당으로 담벼락이 바다 한가운데까지 자리 잡은 연홍도, 바람의 짠 내 조차 풍경화가 된다 동화 같은 마을에 설렘 주의보가 발령 된다 연홍도는 섬 전체가 바다 이야기로 꿈틀거린다

쉼이 있는 장도

신선한 바람이 부채질 해 주고
다리 위에 우주의 눈물방울들이 섬을 잇고
은하수는 수면 위로 형광 빛을 띈다
밀었다 당겼다 바람이 일렁이며
작은 웃음소리가 밤바다에 메아리친다

암전된 무대의 촛불을 켠 섬
사생활의 시간을 풀고 고개 내밀어
오롯이 나와 너를 우리로 만든다
뭍과 물의 경계를 넘나들어
바다의 커튼을 기웃대는 해가 기울자
낮달이 민낯을 드러내고 달빛 연극을 시작한다

오롯이 남아 있는 집터
빈집의 습관들이
밤하늘에 보석처럼 오돌토돌 빛나고

은목서 금목서 꽃향기가 바람결에 나풀거린다

수평선을 바라보던 배들이 키를 세우면
사람들은 들숨, 날숨 가쁜 호흡을 장도에 내려놓는다
이끼 낀 심연의 부스러기들도 내려놓고
바다가 누운 길 하얀 물보라를 마시며
수직의 길에서 수평의 길로 접어들기를 소망한다

섬사람의 섬

기다림이 있는 마을에 들어서면
작은 섬이 있고
외로움이 숨어 살고
마음엔 뿌연 연기가 피어오른다

기다림이 삶이 되어버린
낮고 작은 사람들
그만그만한 거리에서
아득히 정화된 초가집들
낯익은 풍경이 된다

바람이 일고
끝없이 지평선으로 이어지는 언어들은
담장 너머 넘나드는 파도소리 같은 것
동문서답이 일상이 되어버린
미수米壽가 넘은 그곳 사람들
마음엔 섬 하나씩 들이고 산다

아니, 그냥, 섬이 되어 산다

내 것도 네 것 네 것도 네 것이라고
마당 한가운데 감나무의 수壽도 딱 그만큼이라고
섬으로 우는 새가 귀띔해 준다

노인의 바다

햇살의 암호를 풀 수 있을까
바람은 쉼 없이 달려와
부드러운 아침 인사를 한다
백야도 다리에서 내려다보이는
꼬물꼬물 기지개 켜는 아침바다
파도가 숨 돌리며 갈매기 웃음소리 품는다

하루만큼의 자유를 외치고 싶은 바다
긴 겨울밤의 하소연을 바다에 풀면
새벽별이 먼저 기다리는 바다
바다를 닮은 노인은 너울대는 파도의
질펀한 바다 속 이야기로 빠져 든다
은빛 햇살 같은 주름살이 출렁이며 꽃섬에 이어지면
아득한 물머리에 서서
세월이 무더기로 무너지는 이승의 바다를 건너는 노인
밀려왔다 밀려가는 그리움이
귓불에 붉어진 바람 소리 만큼 울렁인다

와온에 안기다

해를 숨긴 구름은 또 다른 산을 만들고
노을은 구름의 얼굴을 붉게 물들인다
갈대는 새가 되어 팔랑거리고
바다는 커피빛 멍석을 깔고
커피향이 노을에 번진다

별을 품는 바다
젖었다 말라 서걱이는 푸른빛 눈망울들
만남과 헤어짐의 물길이 번진 갯골에
하얗게 성에 낀 파도가 숨 돌리면
갈대 훈풍은 별빛에 곤한 몸을 맡긴다

하늘과 이마를 맞대고 사랑을 키우는 바다
쪽배가 지나는 뱃길에 번지는 파랑을
긴 겨울 물무늬로 풀어 놓는다
번져가는 노을에 물들고 나면
텅 빈 내 안에 보름달만한 사랑이
따뜻하게 들어와 안긴다

물들어 가는 여정

바다는 일탈을 꿈꾸고
물이 빠져나간 웅덩이는 빛을 품는다

볼이 발갛게 달아오른 바다
따스한 빛들이 잠긴다
오색의 바다 풍경은 저마다 갤러리가 된다

여기저기 셔터에 집중하는 이들
짱뚱어와 농게들이 땅거미 내려 올 때
깊은 움막 속에서 숨죽이며 분주했을 한 생을 접는다

갯벌의 웅덩이에 달이 비치고
갈잎 몸 부딪치는 소리
갈잎 끝에 물 빠져 나가는 소리

소금간이 밴 바닷가 해초 내음이 사라진지 오래
뼈만 남은 갈대의 몸이 바람에 휘청거린다

멀리 뻗은 갯골은
썰물처럼 빠져나간 한 해를 보낸 아쉬움보다
다시 걸어가야 할 길이라 말 한다

유연한 순리로 나가야 할 이정표처럼
빈 들녘 같은 십이월,
구불구불한 여정,
한 번은 노을꽃으로 피워 볼 일이다

구례 산동 산수유

먹이 달라고 입을 벌리는 아기새를 닮았다
갓 잠에서 깨어나 기지개를 켠다
검은 돌담 사이 하천길 따라
산수유 꽃망울 터지는 소리
호젓한 길가 어서 오라 손짓하는 꽃들에게
설렘으로 입맞춤하는 순간
화르르 나도 꽃 마음이 된다
지난 가을에 맺힌 빨간 산수유,
차마 떠나지 못한 애착이 그대로다
밤새 칼바람은 만복대에 상고대를 피웠다
설산에서 내려오는 맑은 물은 돌 틈을 돌아
바다를 향해 쉼 없이 내달린다
따사로운 햇볕과 산수유 그림자가
앞 다투어 땅따먹기를 하고
노란 바람개비 빙글빙글 봄 오는 소리에
젖먹이는 엄마의 젖몸살에도
콕콕콕 아기새 부리도 노오란 꽃바람이 인다

겨울 강가에서

검은 치마폭 같은 산자락에
몇 가옥 집들이 어둠 속으로 사라지고
산은 눈을 뜬다
눈 비비며 불빛 살아나는 강둑에 서서
물끄러미 강바닥을 응시한다
도도하게 흐르던 여름옷을 벗고
겨울옷을 입은 섬진강은 동안거 중이시다
뼈 속까지 드러낸 까만 바위들
산은 강을 안고 강은 산을 안고 흐른다
가파른 산굽이로 여울져 흐르는 휘모리장단이거나
느리게 휘돌아가는 진양조장단의 수런거림을
속 깊게 흐르는 이음새로 감추고
순리대로 살아가라고 귀띔해 준다
세월의 찌꺼기 다 흘려보내고
잠깐 머무는 사이
어딘가에서 두근두근 봄 숨 트는 소리 들린다

낙타가 우는 법

몇 년 전 순례길,
움푹움푹 저 허공에 발자국들 꽃으로 피어난다
모래에 뒤섞이는 낙타의 방울소리
납작 엎드린 채 앞다리와 뒷다리를 꺾어서 머리를 조아린다.
탈 때도 그랬고, 내릴 때도 그랬다
낙타가 휘청거리면 같이 휘청거리고,
발끝에 뭉클한 촉감과 체온은 낯설었다
서걱거리는 굵은 모래와 황토색 바위들
두 사람이 함께 걷기도 빠듯한 구불구불한 절벽 길
한 발씩 옮기며 앞서가는 낙타가
베두인 손에 이끌려 터벅터벅 휘청거리듯 걷는다
별들이 보석처럼 쏟아지는 삼경三更에
달빛 편지 읽으며 시내산 오르는 길
사막은 웅얼웅얼 울음통이 된다
모래바람은 낙타의 속눈썹을 자라게 하고
목마름은 낙타 등에 혹을 키운다
스스로 사막이 되지 않으면 살아갈 수 없는 곳

슬픈 고독으로 외로움을 기대는 곳
가파르게 오른 시내산에 여명이 떠오르자
무릎 꿇은 낙타, 순례자의 젖은 눈에
홍예*는 아슴아슴 고난의 꽃으로 피어오른다
낙타는 울음 속에서도 무지개빛 꽃이 영롱하다

*홍예 : 대기 중에 떠 있는 물방울들이 햇빛에 굴절, 반사되어 반원 모양으로 길게 뻗쳐 나타나는 일곱 가지 색의 줄.

런너스 하이
—매자교회 작은 음악회

그때
달빛 거닐던 동네 어귀엔
사르륵사르륵 댓잎 몸 부딪치는 소리 들리고
초가지붕 위에 다소곳한 박꽃 같은 말들이
너와 내 안에 주렁주렁 열렸었지

지금
월출산 기슭에 달꽃 피는 저녁
십자가 종탑은 더욱 선명해지고
눈 시리게 쏟아져 내리는 별빛 폭포수 따라
소나타의 선율이 모아지는 하늘공원 작은 음악회

이제
썰물의 깊이가 일찍 저물던
질퍽이는 갯벌의 내력만큼이나 오래 된
유년의 물컹한 추억을 불러와

가을 밤 타닥타닥 타들어가는 모닥불에
은빛 머리카락 사이로
수분기 빠진 흑백 시절을 밀어 올리고 있다
음악회가 끝나자
세월을 털 듯 자리를 뜨지만
살아있음이 확인되는 심장의 런너스 하이

청산도

출렁거리는 파도에 몸을 맡기며
바람이 쉬어가고
햇볕이 놀다 가는 곳이지만
사람들의 발걸음이 뜸할 때는
홀로 외로움을 삼키며 뒤뚱거린다
주인은 있지만
언제든지 주인이 바뀔 수 있는 곳
굳이 누가 주인이라고 말하기엔
성급한 결론일지 모를 일이다.
청산도 슬로길 아래 정박된 배 위에 쉬어가는
그 마음
그 시간이 주인인 게지
사람과 자연 사이 이야기가 있는 느림의 길을 걸으며
시 한 수 읊는 그런 날
빈 배 하나 만난 건 덤으로 얻은 행운인 게지
빈 배의 충만한 보헤미안의 철학인 게지

| 제2부 |

흔들리고 싶은 아침

자동차가 꽃집이 된
부산스런 아침

벌들이 말미잘 같은 촉각을 세워
꽃 속에 몸을 맡기고
어떤 체위로든 그대로 받아들이는 바람이
가지 끝에서 허리끈을 추스른다

형형색색으로 휘날리는 벚꽃
바람에 기댄 햇살도 한 발 한 발 스텝을 밟는 봄

그대,
바람난 꽃처럼 흔들리고 싶을 때
꽃들의 민낯을 들여다보라
수줍은 향기에
가만가만 흔들려 보라

햇무리 강물로 번지는 아침을 만날 거야

표절하다

익숙하면서 낯설게 표절하고 싶다

귓전을 스치는 감미로운 음악이며
빈부귀천 없이 주인공이 되는 드라마며
천국과 지옥을 오가는 영화며
현실을 풍자한 쇼 프로며
맛집 레시피며
동공을 흐리게 하는 단어들이며
외모 지상주의인 성형꽃이며
울음부터 시작하여 숨 쉬기 잠자기
누구나 해본 것들의 하나인 것들,

해맑은 아이의 웃음을
어머니의 심장을 닮은 바다를
물오른 오리나무 잎맥의 숨소리를
밤새 바다를 보초서는 달빛을
먹구름 걷어줄 바람을

엉킨 두 마음 풀어줄 기도의 손을,

낯설게 표절하고 싶은 풍경이다

가을이 살고 있는 집

사람이 떠난 풍경은 고요하다
월담한 낙엽들의 수다가 한창일 때
긴 입술 가득 물고 있는 우체통 아래
쑥부쟁이 주인이 된 그 집
파충류 표피 같은 담벼락이 바람의 등에 업혀
무심히 지나가는 이들에게 아는 체 한다

어서 오세요
여기는 가을이 살고 있습니다

소리꽃 활짝 핀 마당에
뿌리의 이불이 되기 위한 낙엽은
삶의 유효기간이 지났다 하여 외면하지 않는다
다부진 숨소리로 햇살 받아 주던 때보다 더 촘촘히
빈 곳의 관절을 덮고 있다
어깨 툭 치고 가는
빛이 없는 고요,

수많은 세포들의 힘겨운 사투
비어 있는 것들에서 나는 소리
뭉클하게 잎 하나 툭,
이불의 두께를 더한다
또, 가을이 서두르며 길을 간다

길 너머의 길

'이곳은 입산금지입니다'

키만큼 자란 풀섶에 입산금지라는 팻말,
기울어진 해 그림자 같은 허리로
지심 매는 농장 주인을 만나 길을 물었다

'이 길이 구봉산 둘레길 가는 길 맞습니까
그리그리 쭈욱 올라가시오'

노인의 손길 따라 음침한 언덕길로 들어서니
삐삐꽃 환한 집 한 채만 있다
길이 아닌 듯싶어 옆길로 들어서니
할미꽃들 폐무덤에 나란하다
등줄기 오싹한 순간,
호랑나비 한 마리가
입산금지 푯말의 문지방을 넘나든다

〉

바람소리 새소리 꽃과 나무 하늘과 땅의 경계는 없는데
작은 팻말 앞에 꼼짝 못하고
구봉산 초입만 둘레둘레 돌다 되돌아 온 무료한 날,

금지禁止,
길 너머의 길이 머릿속에 둘레둘레 감긴다

여자를 펼치다

어디론가 갈 곳이 있고
집요하게 기다릴 때
금빛 립스틱 입술을 닫고 가지런하다
쇠가죽 멜빵끈들이 줄을 설 때
쑤욱 내민 불룩한 배 아래쪽은 캄캄하다
함부로 열어 볼 수 없는
백팩 바케트팩 클러치백 닥터백 더블백……
제 것이 아닌 것을 열어볼 수 없다
때로는 열어보려는 이도 없이 버려진 채
떠돌기도 하고
데면거리며 허리 굽은 어깨춤으로
위가 짓눌린 채 구겨지기도 하고
구석에 놓여 있기도 하지
여기저기서 긁어댄 신용카드 청구서와 영수증들
씹다버린 껌종이며 화장품
혹은 친구가 써준 빛바랜 편지
밑바닥의 잡동사니들,

가벼워지길 원하면서도 모든 걸 다 갖고 싶어 하는 여자
삶의 순간순간을 넣어두고
비우기와 채우기를 반복하는 여자
여자는 밖에 있지만 안에 사는 여자가 있다

할머니의 겨울풍경

날아가는 까치가 앉았던 살구나무에
차가운 햇살이 짐을 푼다
대한大寒치 바람에도 아랑곳 하지 않고

갯가길 걷다가 밭두렁에서
산밭의 오랜 친구인 할머니를 만났다
빈 몸으로 걷기도 힘들어 보이는
기역자로 굽은
할머니 허리춤에 힘겹게 매달린 무거운 짐

할머니 어디까지 가세요

짐을 들고 엉거주춤
할머니 뒷걸음을 따라 간 산비탈,

땅을 밟고 일구며
결국,

땅으로 가야한다는 것을
저 기역자로 굽은 허리는 기억하고 있다
뼈 속까지 파고드는 매운바람 끄트머리
따스한 햇살에 잠시 기대어 가도 좋겠다

제멋대로 친구

'지금 가고 있네 얼릉 오소'

예고 없이 날아 온 카톡 초대장을 받았는데요
바람 구름 해님 앞세우고
순천국제정원박람회 봄꽃 축제에 갔는데요

동문으로 가세요
서문으로 가세요

겨우겨우
나란한 차 사이 아랫니 빠진 곳에 주차를 하는데요
벌 나비는 앞서 축제장 안내를 하는데요
능수버들 종종걸음 재촉하는데요
유채와 튤립 쇼가 한창이고요
사람이 꽃이 되고 꽃이 사람이 되는데요

이제 눈을 돌려 한 풍경을 보려는데요

예고 없이 날아온 독촉장을 받는데요

'구경 다 했는가 얼른 가세'

그 친구
참말로,

내 몸속으로의 여행

무릎에서 삐걱거리는 소리 들리는데요
하루에도 몇 번씩 몸에 대해 고민하게 되지요
'갱년기에 좋데요 나잇살 빼는데 좋데요
피부노화에 좋데요'
몸에 좋다는 것에 귀가 열리고
TV 내 몸 사용 설명서에 동공이 넓어져요
나잇살에 불어난 체중
거칠어진 발뒤꿈치와 못 생긴 손
머리에서 발까지
내 몸속에 얼마만큼의 그림자가 들어있을까
가끔, 무의식의 비만에 빠져 허우적거리곤 하지요
그러나 내 몸속에는 아직도 나비가 날고
가장 붉은 빛깔의 피가 흐르기도 하지요
태양이 시간의 순리에 따르며 빛나듯
내 맘은 피어나는 불꽃이랍니다
밤하늘의 무수한 별꽃 같은 우주의 꽃밭이죠

발효의 시간

담홍빛 포도주 잔을 들고
만삭되지 못한 나를 봅니다
마음속에 꽁꽁 묶여있던 매듭을 풀고
구멍이 숭숭 뚫린 숨 쉴 틈을 갖는 시간
모나고 거칠고 성숙되지 않는 마음을
곡선으로 다듬어 줍니다
응어리진 말들이 흥건히 잔에 곁들고
삭을 대로 삭아서 물컹해진 말들,
곰삭인다는 것,
가끔 부풀어 오르는 나를 다독이며
땟국 묻어 있는 거칠한 시간의 무늬를 지우는 것
가슴에 가득 채워도 좋을 잘 익은 포도주처럼
입가에 피어나는 말들을 보듬어 안고
푹 발효되면
다 내어 주어도 아깝지 않는 사랑 꽃이 피지요

직립의 길

물비늘 같은 시간의 줄기들이
남아 있는 온기를 쏟아놓는다

음지에서 하늘 수위까지 번지는
피톤치드 향기가
몸을 둥글게 말아 올린다

하늘을 향해 쭉쭉 뻗은
삐죽삐죽한 느낌표로
중심에서 뿌리까지 직립의 방향이다

햇빛을 들이고 바람을 들인다
직선의 힘이 강한 듯 고요하다

햇살이 분주하게 길을 내는 동안
나무들이 새들을 날려 보내고
바람은 깃털 울음을 낳는다

갸름한 햇살이 걸린 등 굽은 산허리에
직립이 직립을 낳고
하늘과 땅 사이로 통하는 길이 있다
직립이 수평으로 누울 때까지

뿌리의 길

봉긋하게 일어난 보도블럭 틈새로
수 십 년간 당당하게 서 있는
엉덩이 펑퍼짐한 벚나무 뿌리의 굽은 등이 보인다
뽑고 자르고 짓밟고 갈아엎어도
나무를 지탱하는 그 음지의 힘,
보도블록을 온 힘으로 버티며
한 그루 나무를 떠받든다
흙 밖으로 드러난 몸으로
부둥켜 안고 있던 근육질의
얽히고설킨 이야기를 시작한다
더 넓게 더 굵게
기억의 경계를 넘어
수평과 수직의 비밀이 들여다보이는
네가 들어설 틈새,
나를 비우지 않고는

결국,
가로지를 수 없는 허공의 길이다

새벽을 깨우는 소리

풀벌레 아직 눈 비비기 전
휘파람새 휘파람 불기 전
구름이 달을 가려 발끝에 그림자 눅눅하기 전
이슬 머금은 나뭇잎 포르르 눈 뜬다

절대자의 품에서 옹알옹알 소곤소곤
또렷이 새겨지는 말
이슬처럼 차곡차곡 내려앉는 말
곁가지와 잔가지를 치면서 중심을 향해 가는 말
잡풀과 돌멩이를 솎아 마음 밭 일궈 놓은 말

서로가 서로에게 별과 별을 이어가는
아침을 깨우는 맑은 말
어둠이 저만치 물러가는
향기 풋풋한 말

말한 대로
말꽃을 피우는 것이다

그녀를 엿보다

교회 맨 뒷자리는 그녀의 지정석이다
어깨 선 드러낸 나시를 입고
냉장고 바지를 엉덩이 반쯤 걸치고
하얀 이슬이 내려앉은 머리엔
몽글몽글 새둥지가 앉았다
송곳니 쫑긋한 하얀 이를 드러내며
밤송이 같은 햇살 웃음이 환하다
종이에 숫자를 적어
몇 천 만원 자기앞 수표를 남발한다
'나 우리 집 데려다 도, 강원도 우리 집에 데려다 도'
점심 식사가 끝나면 통과의례처럼
그녀의 응석이 시작된다
주민등록증 말소, 아들 이름 모름,
소나기 쏟아지고 반짝 햇살 비추 듯
무시로 정신이 오락가락한
그녀,
그녀만의 빛깔,
석류 속처럼 발갛게 영글어가길 기도한다

접두사 '풋'

 풋가지 풋고추 풋과일 풋기운 풋김치 풋콩 풋나물 풋낯 풋내기 풋담배 풋마늘 풋망아지 풋머루 풋바람 풋밤 풋배추 풋사과 풋사랑 풋수염 풋열매 풋웃음 풋인사 풋잠……

 조금 덜 익은 덜 여문, 서투름과 미숙함, 정도가 깊지 않으면서 따뜻한
 접두사 '풋'

 풋사과 한 입 뚝 베어 물었더니
 '풋'이라는 단어가 입 안 가득 풋내를 낸다

 풋풋한 우정 풋풋한 가슴 풋풋한 사랑
 풋풋했던 한때를 떠 올리며 풋풋한 가을을 갈무리 한다

새벽을 거닐다
―최순녕 '시상과 음音' 미술전

숲길을 자전거 하나 굴러간다
지나가던 무지개가 핸들을 잡는다
둥근 바퀴 바람은 치마를 자꾸만 들춘다
길섶 나무에 오른 손바닥 같은 물고기들은
하늘하늘 뒤뚱거린다
앞산과 뒷산에서 뻐꾸기 울고
워낭소리 앞세운 농부는 걸음을 재촉한다
어둠속으로 사라져 가는 그림자는
바람 같고 활 같다
검은 숲에는 반딧불이 날고
먼 기차소리는 바람의 냄새를 따라
담묵과 중묵이 화선지 위에 발자국을 남긴다
처음엔 햇빛이 앉았다가
밭고랑에 늦잠 자는 벌레의 잠꼬대가 앉았다
그 길이 어디까지 펼쳐질까
산은 바다가 될까

밝음과 어두움뿐인데 숲길 하나 사이로
뱀꼬리 같은 음표들 너스레를 떨며 자꾸 따라온다

농익은 가을

가만가만 다가온 바람의 노크에
고운 옷차림 하고 발꿈치를 살짝 들어요
산자락 타고 내려온 바람 앞장 세워
가을볕 태운 들녘에 서면
벼 베어 낸 자리 초록 옷 입고 힙합 춤을 추지요
발밑에 통통 튀는 메뚜기 떼 만나
함께 팡팡 뛰다 메뚜기도 한 철이란 말을 생각해요
손바닥 위에 한 마리를 올려놓으니
싸한 바람이 휙 지나가네요
쑥부쟁이 구절초 코스모스 환한 웃음과 함께
차 한 잔은 단골메뉴,
햇살과 바람도 수다를 떨며 너스레를 떨어요
혼연히 걷다가 국화향기 깊은 길섶 의자에 앉아
고추잠자리 춤사위에 덩달아 하늘로 올라요
풀려 있는 햇살의 눈빛에 고요해지는데
멀리 외기러기 한 쌍이 서로를 다독이며 날아가네요
앞마당까지 찾아온 가을의 심사

잠시, 귀를 열어 보세요
고추잠자리 눈짓 따라 나갔다가
가을 안주인이 된 농익은 하루에요

구멍 난 기억

휑하다
빛바랜 성경책에서 묵은 냄새가 난다
헌칠하게 잘 생긴 남자는 액자 속에서 환하게 웃는다
겨울 채비로 단단히 여며 놓았던 서랍 속에서
동면하던 꽃잎이 기지개를 켠다
옷장 구석에 반짝반짝 잘 닦여진
무료하던 검정구두도 무릎을 세운다
날이 선 양복바지, 넥타이, 하얀 와이셔츠
그를 감싸고 있던 젊은 날을 되새김질한 흔적들이
화려하고도 고요하다
쩌렁쩌렁한 목소리의 완고함이나
한 걸음 한 걸음 허투루 내딛을 수 없는 정갈함은
한 뼘 남은 햇살 끝에서 무너져 내린다
'맡겨 놓은 도장을 달라, 가져간 안경을 달라, 지갑을 내놓으라'
치매를 앓고 있는 노인의 구멍 난 기억의 퍼즐들
그래도 진달래꽃 화전을 빚은 날에는

모과나무 겨드랑이에서 모과꽃 피듯
화르르 웃음꽃이 핀다
얼어붙은 기억의 찰나,
참 무심하다

백야 등대길

비가 내리는 날에
등대에 올라서면 부레옥잠 같은 섬들이 해무에 쌓여
흐릿한 그림자로 반긴다
하루도 쉼 없이 스스로 빛이 되어
파도에 부서지는 포말들과 깃발을 넘어 밤바다를 지킨다
비바람이 부는 한낮에도 이탈해 본 적이 없다
풍파에 시달리며 들어온 조각배는
가쁜 숨을 몰아쉬며 고맙다고 선수船首를 끄덕였으리라
영도 독도 속초 어청도 선미도 홍도 백아도
등대 그림이 있는 옆길을 걷는 동안
단풍나무 곱게 물든 어스름 속에
비우는 것이 아름답다는 생각이 깊어지는 고요한 길
'먼 길 떠난 사람이 더 보고 싶어 기다리게 된다'고
나직이 귀띔해주는 속삭임이 정겹다
정지된 듯 혼자 걷는 등대길

누군가 나를 등대처럼 지켜준다는 사실,
그날 지구는 나를 돌아나간 영화 같은 하루였다

밤 벚꽃팅

내일은 비가 온다고
꽃 지기 전에 봐야 한다고 톡이 왔습니다
달빛 아래 벚꽃 닮은 사람들이 모이자
벚나무는 환한 웃음을 흘립니다
백옥 같이 눈부셔 휑한 마음도 눈을 뜹니다
옷고름 풀어헤친 여인을 달밤에 만납니다
저리도 하얀 속살을 보이며 환하게 웃는 웃음 속,
보드레한 살갗에 빠져들고 말았습니다
모 시인은 팝콘이 터졌다 하였고
모 시인은 하얀 백설기를 쳐놓았다 하였고
또, 어떤 시인은 밤하늘 불꽃놀이라 했습니다
그리고 어떤 시인은 싸리비로 꽃길을 쓸어내며
벚나무가 너도 시인이냐고 욕할 것 같다 했습니다

벚꽃 별천지라고

별빛 쏟아지는 저녁 모두 미쳤다고
팝콘 터지는 소리 톡, 톡, 톡 요란합니다

낯선 풍경

폭염 더위 속 어느 날
공원 팔각정에 텐트 한 채 들어섰다
누구의 휴가려니 싶었다
며칠 지나 텐트가 걷히고 살림만 덩그러니 모습을 드러냈다
덥수룩한 수염에 짠내 나는 허름한 옷차림의 사내가
난간에 다리를 걸치고 담배 연기를 뿜어내고
그의 등짝에 오고가는 사람들의 차가운 시선은
뼛속까지 파고드는 한기가 느껴진다
어디서부터 잘못 되었을까
풍선 터질 듯 안고 있는
그의 허기와 피곤이 역력하다
밤마다 풀벌레 노래가 그를 끌어 안아주고
민들레 눈망울이 밤을 깨운
구멍 난 세월 밑으로 새어나간 그의 질긴 시간들
유리창 없는 침묵 속에 붙잡고 있는 도시의 벽
사발면 하나 그의 손에 들려 있다
덩그러니 던져진 세상 한 쪽이 아프다

| 제3부 |

가을 알람 소리

잠깐 풋잠 든 사이
사르락 소리 없이 다가온 가을이
어깨 죽지를 톡톡 두드려요

눈이 시리도록 맑은 옥빛 하늘이
호수에 내려와 앉으면
두 손을 펴고
부지런히 영글어가는 소리들을 모아 보아요

창문 너머 먼발치에 바다가 보이고
뒤늦은 걸음에 차마 떨치지 못한 장미꽃이
여름 뙤약볕에 붉어진
배롱꽃 눈망울을 벙글게 해요

때 늦은 여름꽃 향기로 짙어가는 가을
우리 사랑해도 될까요?

해찰하다

어릴 적에 자주 듣던 말이다
학교 끝나면 해찰하지 말고 바로 집에 오라던

'해찰하다'는 그 말

포개어진 두 손을 꼭 잡고
길섶에 빨간 열매, 노란 꽃에 발길을 멈춘다
발아래 절구통만한 먹이를 물고 가는 개미를
종종걸음으로 쫓아간다
큰 뇌성소리가 들리는 하늘을 본다
비행기를 보고 어어 소리를 내며 손가락질 한다
버스 꽁무니를 따라 뛰어 간다
나뭇가지에 앉아 있는 새를 부른다
날아가는 잠자리를 따라 춤을 춘다
길 가다 놀이터에서 장난을 치고 논다

'해찰하다'는 그 말

〉

어른들은 몰라요
그 말 속에 참 배움이 있었다는 걸

천생연분, 은행나무

1.
마을 입구 암수 두 그루의 은행나무
서로 다른 방향을 보고 있다
천 년의 세월을 풀어낸 몸뚱이에
하나둘 생기는 유종은 세월의 흔적이리라
고약한 그의 수신호에도 아랑곳하지 않고
그 그늘에서 학문의 열기는 뜨거웠다 한다
나뭇가지를 만지자 뿌리의 심장이 잡힌다
한겨울 바람을 업고 저 깊은 곳 물을 길러오는 힘
머지않아 눈 뜰 잎의 맑은 숨소리를 듣겠다
서로 맞지 않은 결을 내 보이면서도
가을이면 은행 주렁주렁 맺히겠지

2.
텔레비전에서
할아버지와 할머니가 낱말카드 맞추기를 한다
천생연분이다

'임자와 나 사이를 뭐라 하지?'
'웬수'
'네 글자로 뭐라 하지?'
'평생웬수'

할아버지와 할머니
마주보고 있으나 아무 말이 없다
고목이 된 은행나무처럼

우물가의 여인들

산모퉁이 돌아서면
천수답 사이에 우물 하나 있다.
희미한 안개 사이로 여자들의 하루가 넘실댄다
지하수를 솟구치게 하는 여자들의 수다
안개에 가려진 실루엣이 나부끼는 소리 엿듣는다

누구나 하나쯤 감추어둔 비밀이
새의 날개 돋듯,
온 마을엔 말들의 날개가 돌고
퍼 올리고 퍼 올려도
솟구치는 언어의 온도는 뜨겁기만 했다

깊은 우물 같은 여자
그 밑바닥에 앉아 있으면
가끔 비가 내리고
우물이 찰랑찰랑 넘칠 때는 허물을
조용히 밖으로 흘려보내는 지혜로운 여자

〉
내 어릴 적 고향 우물에는
소문의 파장이 일고
깨알처럼 터트려지던 봉숭아꽃 같은 웃음이 샘솟았지

보랏빛 기억

초등학교 6학년 크리스마스 이브
그날 교회는 잔칫날이었어
교회를 처음 나가 뭐가 뭔지 모르는 나는
선물을 한아름 안고 오는 길,
하늘에서 내린 꽃송이에 꼭두각시 눈사람이 되었어
군불을 지핀 아랫목에 꽃피던 새콤달콤한 이야기며
꽃신 같은 발자국들은 영화 속 주인공이었지
하얗게 지새운 암막 같은 커튼이 걷히면
샛별 하나가 길을 내어 주었어
밭길 논길 몇 십리길 새벽송을 다니다가
서녘 하늘에 눈썹달이 잠들 채비를 할 때
눈이 가물거리던 아침 귓갓길,
간담이 서늘한 아버지의 호통소리가 기다렸어

누렇게 손때 묻은 일기장에
겹겹이 쌓인 하얀 꿈들이 길을 내는
고요한 크리스마스 이브,

세월에 떠밀려 간 바람 같은 그리움이
보랏빛 설레임으로 다가온다

안테나 주파수를 맞추다

골목을 돌아 나온 바람
단풍잎 사이로 내리는 빗방울
비에 첨벙 잠기는 귀가하는 근로자들의 발자국 소리

잿빛 깔린 호수엔
느릿한 나뭇잎 유영이 몸을 맡긴다
빗줄기에 걸린 시 몇 편 중얼거릴 때
빨갛게 타오른 먼나무도 귀를 쫑긋 세운다

낙엽이 미끄러져 버스정류장 벤치에 앉는다
딸기우유 빈 팩이 그것을 응시한다
지나가는 버스도 잠시 경적을 멈춘다
가을빛 머금은 빗길을 혼자서 걷는다

이런 날은 온몸으로 듣는
귀의 지느러미를 잃어도 괜찮을 소소한 소리들,

너 듣고 있니?

꽃씨 우체국

톡, 하고 터질 듯 싱그러운 날
햇살 닮은 철쭉들이 아우성이다
유유히 노닐던 벌들도
꽃의 치마폭을 드나들며
깊은 혀를 늘이고 있다
쉿,
엉덩이만 보일 뿐 꽃 속에 얼굴을 묻고
꼼짝 않고 사랑의 밀어를 나눈다
그 옆에 한참을 앉아있는 나도
사랑하는 사람에게 연서를 써 놓고
불그스레 수줍게 웃는다
은밀한 생각의 실타래를
밖으로 전송하지 못하고
말의 씨를 품은 우체통이 되어
그대로 꽃물이 든다

다시, 그리움

봄꽃 터트리는 소리에
밤잠 설치기를 며칠,
밤이면 은하수 내려오고
졸음 몰려 올 때마다
흔들어 깨우는 달빛 칭얼거림에
꽃들도 잠 못 이룬다

눈부시게 빛나다가
정신없이 손을 놓아버린 꽃들
갓 부화한 병아리 솜털 같이
꽃무덤을 이룬다
오랜 시간 품고 있던 외로움의 흔적,
이를 테면 깊은 속의 빛깔, 속의 맛이리라

꽃 진 자리 정갈한 수액으로
물길 하나 열었다
혓바늘이라도 일 것 같은

바람의 끝을 살며시 염탐하는 순간
잎 사이로 멀리 연초록 바다에
물안개 오른다

그 해 여름

쇠똥, 쑥향 번지는 모깃불 피워놓고
돌돌말린 멍석을 깔고 저녁을 먹을 때
무수한 별들과 함께 모깃불 씨가 밥그릇에 빛난다
석류알처럼 영롱한 개구리 울음소리
땅 속으로 사그라질 때
쏟아지는 별빛 벗 삼아 반딧불이 별처럼 깜박이고
칼국수 한 냄비 훌훌 먹고 나면
함지박만한 배 두드리며
국자모양 일곱 개의 별을 하나 둘 헤아리다
이름 없는 뭇 별들까지 멍석 위로 끌어 내린다

밉살스런 찜통더위에도
장독대 달맞이꽃은 밤마다
그리움이 꽃등을 이룬다
알알이 등불을 켠다

그 해 여름,

유난히
별이 많던 까닭을 이제 알 것 같다

아버지의 여름

농부의 어깨까지
자란 벼가 하늘하늘거린다
피사리 하는 농부의 등짝에 쏟아지는 햇살
휘파람새 소리 들녘에 퍼지고
두루미 한가롭다
농부 등에 흘러내리는 땀냄새
흙냄새 훅 들어온다

낟알이 여물어 가는 논길을 걷다
문득, 아버지를 생각했다
뜨거운 햇살 등지고 잡초 솎아내며 벼를 가꾸시던
오래 전 아버지도 벼이삭처럼 풋풋하셨지
노란 벼이삭들이 논둑을 베고 누운 논머리에
고의춤 올리고 허수아비처럼 들판을 지키시던
뜨겁고 꿋꿋한 아버지의 여름,

그 들녘에는
아버지의 헛기침 소리와 향기가 익어간다

문득, 가을 아침

안녕!
굿모닝!
해맑은 가을 아침
투명한 잎맥의 속살이 문장을 이룬다
바람소리에 몸 비비며
푸른 페이지들이 한 장 두 장 엮이고
바람은 나뭇잎 페이지를 넘기며
한 권의 책을 천천히 읽는다

창문 열면 손닿을 거리에 있는 감나무
연초록 잎 팔랑대다
햇볕을 가려준 그늘이 되었다가
문득, 가을 아침
아이들의 재잘대는 웃음이
가지마다 주렁주렁 영글어 간다
이름을 호명하자
홍시 한 개 냉큼 들어와 교실에 앉는다
이렇게 붉고 감칠 맛 나는 시를 읽다니

11월을 편집하다

깔깔대는 들꽃 웃음
나뭇잎 지는 소리
서걱이는 풀잎
모두가 안부를 묻는다
늦가을이 주는 선물이다

밤을 넘는 나목의 우듬지마다
생을 위한 애타는 부르짖음이 있다
흐르는 물소리마저 공허하여
무어라 미처 이름 붙이기도 전에
자지러지듯 휜 허리에 또 한 생이 감기운다

꽃 진 자리 잎 진 자리
비워둔 행간에 밑줄 긋고 간다
가을과 겨울이 몸을 섞는 바람의 끝에
헛헛한 잎새의 여운이 한 자락 묻어있다
〉

위대한 우주의 편집,

11월은
풍경도 소리도 빛깔도
오히려 편안하고 넉넉하다

나지막이 속 찬 노래 할 수 있다면

고요 속 유희, 어둠 속 언어의 온도가 주는 정숙
반짝이는 전등빛이 조화를 이루어
바람 같은 한 줄 마음의 사치여도 좋겠다

일상에 새겨진 기억은
머릿결에 굴러 떨어지는 비듬 같은 것일지라도
지나가는 시간을 불러 세울 일이다

벽 한켠에 웅크리고 있는 바람의 시선은
백지 위에 서성이는 시어들을 타고 흐르는 수액 같은 것
하루 이틀 열흘 숨었던 까만 언어들이
끊임없이 꿈틀거리다가 허해진 눈으로 고개를 든 순간
한겨울 펄펄 끓는 설탕에 입을 데이며 먹는
호떡과 같은 것이었으면,

오아시스처럼 갈증을 풀어주고
뼈마디 저려오고 오장육부가 시원해지는 시詩

〉
내 은하계 행성에 오색의 운석들이 떨어지길 꿈꾸며
겉은 부드럽고 매끄러워 보여도
속은 갖가지 양념으로 가득 찬
속살 깊은 너를 만날 날을 노래한다

나에게로 보낸 편지

나뭇잎이
툭, 떨어집니다

나뭇잎에 입술로 도장을 찍고
그리움이라 끼적이다 기다림이라고 씁니다

단풍은 앙칼진 바람의 발길질에
아랑곳 하지 않고
햇살과 비의 한 끼 식사로 물듭니다

구름에 기대어 있다가
춤추는 하늘에 맞춰 리듬을 맞춥니다

낙엽 하나둘 포개어진 그 벤치의 가을처럼
서로 받쳐주고 기대며
걸음을 막아선 느림의 강요,

끝내, 떨어진 나뭇잎에
나는
아직 오지 않은 날들을 사랑이라 씁니다

바다의 그늘

카페에 들어서니 풍경이 풍경을 짓는다
밖이 환히 보이는 창가에 앉으려는데

'손님 아래층으로 안내 하겠습니다
두 분이 오시는 분만 이곳으로 모십니다'

은비늘 파닥이며 물꽃 키우는 바다를
통째로 안고
오빠였다가 연인이었다가 남편인 그가,
지나가는 세월을 묻는데

바다 속에 뿌리 내린
'생미역 한 줄기 같은 삶'이었다고 답한다

찻잔에 피어오른 바다 향을 마시는데
햇살이 파고드는 여름 한나절
하늘같은 남편의 그늘이 서늘하여라

프리허그

아이 머리맡에 앉아
숲속의 전설을 이야기합니다
숲속에는 왕자와 공주를 떠받드는
난장이와 하녀들의 이야기가 자랍니다
아이에게 세상은 우주처럼
아무리 읽어도 끝없이 열립니다

다시 동화책을 읽습니다
한 장 한 장 책장을 넘길 때마다
아이의 하루가 둥글어집니다
아이의 잠이 한 페이지씩 깊어집니다
마음을 열고 아이를 품습니다

겁 많고 수줍던 아이
허기져 외롭던 아이

따뜻한 품으로 안아 키운 아이들
환한 백년꽃 피울 겁니다.

엔젤트럼펫

어서 일어나라
창문 두드리는 새벽바람, 어머니를 닮았다
신새벽 빛깔과 어우러진
천사나팔꽃의 식물성 아침을 만난다

첫 만남,
마음이 열리는 순간
내 안의 유쾌한 주파수가 환한 꽃으로 피어나
살갗 타고 드는 꽃내음에
마음은 어느새 꽃길이 된다

교회 마당에
잎을 다 떨구고 바들바들 떨고 있는
오래 된 모과나무
낮게 포복하고 의연하게 시대를 채비할 때

하늘의 천사가 지상을 향해 부는 나팔소리

'지상에 사랑을 꽃 피우라'
하나님 사랑 이웃 사랑으로
수직과 수평으로 이어지는

그래서 우리 모두에게 구원의 꽃이 되는
대 계명 대 사명의 아침이다

마음의 물꼬

'오메! 물꼬는 막고 왔당가'

벼이삭 사이로 팔랑거리는 프랑카드
목화꽃 자지러진 논둑에 글자꽃으로 피었다
말매미 소리가 폭포같이 쏟아지는 당산나무 아래
여름을 말리던 한때,

어릴 때 아버지는 이른 아침 삽을 들고
물꼬를 보러 논으로 나가셔서
밥상 차려 놓을 때쯤 들어오시곤 했다

그 시절,
물꼬는
흐름을 자연스럽게 터주었다가
넘치지 않도록 막아야 하는 배려고 기다림이라 하셨다

문득, 물꼬는 논에만 있는 것이 아니라고

적당하게 열거나 막아야 한다고
바람이 된 아버지의 속삭임에
닫고 있던 마음의 벼랑 끝,
물꼬를 슬머시 연다

백량금의 눈빛

밀크 같은 바람의 무게에
한 뼘 키를 세운 나무에게 자꾸만 응석을 부리는
백량금의 눈빛을 보았다.
햇살 따사로운 날
며칠 베란다에 내놨더니 글쎄,
잠깐 무심한 사이 잎이 말랐다
추위에 몸살을 앓나 싶었는데
목마름의 눈빛을 외면했던
관심의 부재였다
긴급 수혈로 기지개를 켜는 아침,
어둠을 견디어낸 꿈들이 다시
햇빛보다 먼저 부화한 눈빛으로 인사를 한다
귀에 울리는 익숙함보다
온몸으로 말하는 것들에게 다가갈 수 있음을
눈빛에서 눈빛으로
마음에서 마음으로 통하는 아침이다

달빛 연가

산과 나무에 젖어
속삭이듯 들리는 달빛 소리
바위 위에 쏟아지는
얇게 저미어 보는 시간의 밀월
모래 위를 걷는 연인들의 어깨 너머
하얗게 피어난 언어들,
만월이다
등대는 온 밤 허공을 오르고
정적은 해초의 떨림 속에 수런거린다
빛의 정분이다
어여쁜 몸짓, 실눈으로 바닷길 굽어보며
쉼 없이 보내는 프로포즈
휘영청 달빛은 하얀 포말을 휘감는다
바람조차 숨을 죽이는데
밤을 굽는 달빛 끓는 소리
차마 피지 못한 꽃들
온몸 열어가는 밤이다

손녀, 시인

햇살이 눈에 비치자
'금빛이 눈에 들어 왔어'

새들을 쫓아가다 날아가는 것을 보고
'새가 춤을 추며 날아갔어'

우레탄 보도블록이 깨진 것을 보고
'누가 이렇게 찢어 놨지'

맨발로 걷는 길에 돌들이 빠진 빈자리를 보고
'여기는 비어있는 방이야'

구름에 해가 가려지자
'저기 봐 햇님과 구름이 숨바꼭질 하나봐'

개미를 한참 따라가다 풀 속으로 사라지자
'혼자 집에 가버렸어'

〉
네 살 된 아이에게서 쏟아져 나온 언어들
공원 산책길에 화릉화릉 꽃 핀다

몸 어디에 저장된 듯 불쑥불쑥 걸어 나온 말
혼자놀이에도 잘 익은 과일 빛으로 쏟아지는 말

우리 집은 날마다 언어의 술사
손녀 시인의 재잘거리는 소리꽃이 핀다

| 제4부 |

뒤가 간지러운 오후

숲길 걷다가
토독토독 토독토독
살금살금 소리를 쫓아가네
커다란 밤톨을 두 손으로 움켜진 녀석을 보았네
그냥 지켜보았네

눈 마주쳤네
나도, 움찔했네

부산스런 몸짓으로 땅을 파네
밤톨 묻어두고 줄행랑치네

밤톨을 찾아보았네
그 자리인데 밤톨은 없네

다람쥐 간식 빼앗으려다
허기진 오후
소슬바람 바스락 소리에 자꾸만 뒤돌아 보네

긴요한 시선

매일 정오에 지나가는 길,
그 때마다
비릿한 바닷바람에 팔랑대는
참새 가족의 식사 시간을 엿보게 된다
팔각정 기왓장 틈새마다
신혼집을 짓고
먹잇감을 크게 한 입 물고 와서 내 눈치를 본다
나는 또 새의 눈치를 본다
어떤 날은 차에서 기다려 주는 배려도 필요하다
빗물 멎지 않은 추녀 끝에 걸린
무지개 냄새를 맡고 있을 때
꼬르륵꼬르륵 뱃속의 공명
백야도 백호산까지 울린다
빵조각 내었다가
낮게 비행하는 새들의 조잘대는 소리가
처연하고 절박하게 들려
내 한 끼를 잘게 부수어 내어 주었다
하루의 동선에 시선 하나 비집고 앉는다

봄똥

봄날, 바람이 조르르 길 가다가 눈 똥
연둣빛 똥이란다

꽁꽁 얼어붙은 땅속에서 살포시 눈뜨고
납작하게 엎드린 여린 잎들을 보는 순간

'살아줘서 고마워'
'응, 살아있어 행복해'

봄볕 속에 까르르 웃음으로 시작하는
아기의 봄날
봄향 가득 배어든 연두빛 똥
백일 갓 지난 아기가 앙증스럽다

바다를 발묵하다

물이 들면
반짝이는 별이 들기도 하고
비 내리는 날엔
물의 씨앗들이 갈색으로 자라나
수채화 풍경이 된다

갯골 깊이깊이 자리한 화석에
고목처럼 자라난 말들을 새길 수 있을까
갯골 마디마디가 영글어 가는 오후
바닷물 들고날 때마다
빗방울 하나둘 낱알로 사연을 쓴다

흘려보내기
바라보기
멍때리기

혼자만 쓰는 일기장에 숨고르기 하는 동안

노을 저편 하늘에 안개가 번진다
내 맘 속에 일렁이는 바다
깊게 스며들어 멀리멀리 번져간다

떡잎의 발설

두 팔로 불끈 흙더미를 밀고
여린 떡잎 하나 우주를 품고 있네요

계단을 오르다 눈이 마주친
감나무 아래 쓰레기더미 속에서
오롯이 고개 내민 고깔모자 쓴 떡잎

떡잎의 가는 숨소리
바람에 파르르 떨면서
첫 언어가 옹알이로 자라서
상처와 고통을 안으로 접을 때
햇살과 바람은 그래그래 소곤소곤 아옹다옹,
알았다는 듯 소통하지요

빠-빠 마마 에비 지지
둥글둥글하게 발설된 것들
〉

마음과 귀를 열어 놓으면
다 알 수 있어요
다 들을 수 있어요

겨울초록

수런대는 소리
쉼 없이 몸 부딪는 소리
올곧게 하늘을 향해 기도하는 소리
이따금 들려오는 툭 툭, 관절 푸는 소리
직선의 소리 가득하다
겨울이 깊어 갈수록 두 팔을 벌리고
비어있는 듯 가득 찬 가슴 열어
하얀 설원에 입맞춤으로
댓잎 서설이 기운차다
소살거리는 대나무 숲에 콧등이 시리고
사르륵사르륵 내리는 싸락눈 사이로 별이 걸린다
'임금님 귀는 당나귀 귀'
오래 전 누설된 전의가 지금도 웅얼대는 걸까
대나무 숲에는 비밀스러운 소리의 집이 있다
초록으로 고집한 세월이
네 몸 마디마디
고요하고 푸른 소리를 내느냐고 묻는다

바위와 이끼와 고사리

안에
살아있는 이끼가 있다는 것을

싹을 키우기도 하고
마르게도 하는

아무것도 키우지 못한 바위라 생각했는데
이끼 집이 생기고
고사리 홀씨가 싹을 틔웠다

비가 오면 빗물을 더 받으려
몸을 이리저리 누이었겠지

고사리는 자라 이끼의 그늘이 되고
이끼는 사랑스런 푸른 눈망울을 굴려

바위를 감싸주며
바위집을 지었으리라

철없는 코스모스

웅천 터널 초입의 공터에
코스모스가 한창이다
제 철도 아닌데 흐드러지게 피었다
키도 아담사이즈다
눈길 한 번 달라고 한들한들 가냘픈 몸매를 자랑한다
늦봄부터 때도 모르고 무작정 몸을 풀더니
결국, 여름 뙤약볕에 몸을 풀고 말았다
참 성질도 급한 놈이다

어릴 때 꽃잎을 따서 헬리콥터를 날리던 환한 하굣길
내 키보다 더 큰 녀석들의 고개 숙인 인사가
높고 파란 하늘에 수를 놓던 가을이 생각나
잠시 꽃길을 더듬는다

제철 아닐 때 피어나
저렇게 한들거리는 것들이 안쓰러워
오래오래 눈인사를 나누었지만,

제 때를 잃어버린 것이 어디 이뿐이랴
아니, 어차피 한 번 꽃 피우는 것을
꽃 필 때가 제 때가 아닌가

허공의 진술
—넝쿨장미

열정을 풀었다 세웠다 하늘에 닿으려는 몸짓으로
붉은 혀끝에 흙먼지 묻은 채
꽃 몸살 기억을 웃음으로 바꾼다
심장을 드러낸 몸에
쏟아지는 달빛 그늘의 기억을 불러낸다
담장의 등줄기를 타고
가파른 비탈을 미끄러져 내린다
밤낮없이 펼치는 공연
자신의 계절을 뜨겁게 장식한다
담장을 내려오다
어느새 지붕으로 날아오르는 날렵함으로
슬쩍 눈인사를 한다
마치 축포 터트리듯
겹겹이 잎들이 둥근 동심원을 그리면
사람들의 시선은 아무 저항 없이 빠져든다
어느 은하수에서 와 꽃으로 피었는지

봉인해 놓은 꽃의 입술이
허공에 말문을 열어 놓는다
너도 한 번 붉어지라고
너도 한 번은 뜨거워지라고

바람의 네트워크

숲은,
바람이 불면 삐걱거리고
눕히면 눕힌 대로
우주로 통하는 길 하나를 열어
서로의 보폭을 맞추며 에티켓을 지킨다

코끝 간질이는 새소리는
바람의 경계를 허문다

바람은 숲의 청력을 읽고
자신의 향기로 말을 한다

흔들릴 때마다 푸른 비늘잎은
숨결 같은 맛을 낸다

기웃거리는 햇살은 늘 익숙하게
바람길 따라 덩그러니 드러눕는다

〉
구름을 집으로 데려가는 바람은
별들의 이름을 짓고
꽃들의 말을 받아 적는다

바람을 수혈 중인 풀과 꽃과 나무는
달빛으로 대지의 몸을 연다

위험한 외출

겨울비 내리는 날
결혼식장 가는 길에 그녀를 만났다
눈을 의심하며 차창을 열고 다시 확인하였지만
그녀는 그 자리에
하얀 면사포 쓴 얼굴을 내밀었다

때 이른 꽃
겨울에 피었다고
낙엽 달린 가지마다
하얀 눈꽃처럼 앉았다고

꼭 해주고 싶은 이야기 남기려는 듯
잎 새 마다 적힌 사연,
노란 잎 차마 떨치지 못하고
조바심으로 떨고 있다
들쑥날쑥한 날씨 핑계 삼아
성질 급한 벚꽃 살며시 외출 중이시다

바다꽃, 피다

은비늘 파닥이는 섬과 섬 사이
파도의 갈피마다 벼랑이었을 바다는
달고 시고 쓰고 맵고 짜고 비리다
햇빛에 매달린 파도는
끓고 있는 수평선을 격하게 휘감는다
나는 그런 바다를 흠모한다
깊은 수렁에서 허우적거릴 때
포근하게 쓸어내리는 바다로 간다
바람이 성근 걸음 재촉하며 너울 이룰 때
다시마 미역 감태 해조류가 우거진 바다는 숲이 된다
숲바다를 이은 길이 들썩인다
그러나 고요하다
고요히 깊어서 별 같다
바다 숲 정원에는
늘 흔들리는 꽃이 핀다

군무
―이끼꽃

물의 살갗이거나
햇살이 갈마드는 계곡의 군무다
숲속의 축제다
묵묵한 바위에 초록 안장을 얹은 듯
소슬한 그늘을 품고
올곧게 자란 나무의 망루에서
먼 곳을 바라볼 수 있음이여
어찌 그 키를 높이로만 잴 수 있으랴
낮게 엎드린 끼의 번짐은 결코
움츠리거나 굽히며 살아가지 않는다
그늘의 길을 더듬어
물방울 하나까지 머금었다 내어주는 모성으로
노루잠 건너온 기억들을 품는다
바위처럼 굳어졌다고 포기하고 있을 때
초록의 몸으로 발아된
포자낭의 꽃망울이 자라나

뻗어오른 꽃술은 더욱 선명해진다
햇살이 비껴간 시간과
바람이 지나간 꽃의 잔영이
민꽃의 고전으로 피어난다

상처

태풍이 지나간 흔적은 여지없이
나무의 등뼈를 부러뜨리고 허리를 휘어지게 한다
뾰쪽뾰족한 조각들이 아픔을 대신하듯
결을 붙잡고 놓지 못한다
옹이 박힌 나무에
겹겹이 깊게 박힌 흔적이
속울음 삼키며 덧내지 않는 연륜으로 고요하다
가지치기를 하거나 부러진 그 자리
썩고 갈라지고 패이기도 하였을
아물지 않은 기억의 깊이다
때로 칼에 베이기도 하며
시간의 눈을 피하듯
모르는 척 넘어가는
기억의 저장고요
치열한 삶의 훈장이기도 하다

식탁 위의 그녀

어느 날,
가을이 저녁 식탁 위에 앉았다
벙글벙글 노랗게 웃음 짓는 그녀와 눈이 마주쳤다
애써 외면하는데 눈길 따라 집요하게 따라온다
순간포착의 카메라처럼 떨림,
그 몇 초 사이 버릴까 말까 고민하는데
손이 먼저 그녀를 만졌다
그리고 포근하게 감싸 안았다
가을이 품에 옴싹 들어왔다
볼을 비비고 입을 맞추고,
저녁식사를 마치고 일어서는데 옷자락을 붙잡는다
차마 떨칠 수 없어 살며시 가방에 넣었다
누군가 식탁 위에 버리고 간 노란 국화꽃 한 송이,
그 사소한 떨림
그 진한 맛의 향기
내 안에 촉촉이 젖었다

나뭇잎 식사법

비를 맞는 나무의 눈물로
몸을 반쯤 열어 조금씩 물들어 가는
단풍잎들은 입을 다문 채 사색이 된다

햇살과 비와 바람으로
현란한 색의 수다를 먹는 한 끼,
생을 마감하고 다른 생을 준비해야 할 때
계절이 오가는 몸의 변화로
잎들은 슬며시 숟가락을 놓는다
하늘과 구름이 온몸으로 번지면
곱게 물든 단풍은 하늘 한 자락 끌고
땅으로 밥상을 물린다

결코 불행하거나 외롭지 않다
주문을 외우며
또, 한 계절의 식사를 준비한다

꽃 시샘의 면죄부

꽃차 향을 마주하고 있는데 전화가 왔다
아직 겨울인데 봄꽃이 다 피어서 올 농사가 걱정이라고
이렇게 이쁜 것들 꽃샘추위 오면 어쩌냐고

사각사각 서릿발 밟는 소리 엊그제인데
봄 햇살이 얼었던 땅을 간질이는 들길
성급하게 고개 내민 냉이와 눈이 마주쳤는데
배시시 기지개 켜는 아이의 땀 냄새 같은
봄내음이 코끝을 자극한다

허름한 식당 뒤편 어린 매화나무에
다닥다닥 매화꽃송이 입을 열어 봄을 노래한다
농로길 실개천 물빛엔 벌써 버들이가 발을 담구고
종달새의 지저귐이 마치 처음인 듯 설렌다

앞 다투어 피우려는 꽃몽오리에
어느새 톡톡 봄 숨 트는 소리

성급하게 찾아 나서지 않아도
언제나 찾아주는 한결같은 봄

문득 향기로운 꽃 한 다발 안고
면죄부를 주고 싶은 꽃시샘

화법畵法, 구름을 희롱하다

빗방울 혹은 솜털 같다
잘록한 허리를 드러낸 능선을 따라
차분함과 부드러움이 좌우로 리듬을 탄다
올을 풀 듯 긴 선이 이어지는 산과 들
흐트러진 손에 물레가락 돌리 듯 현란하다
짧고 끈끈한 털 같고 몽실몽실 어린 연잎 같은 원들이
산비탈을 타고 내려와 회색빛 그늘은 끝없이 출렁인다
산등성이 넘어가다 뒤돌아보는 구름이
사라졌다 차오르고
산중턱에 머무르다 바람길 따라 다시 길을 간다
산봉우리 휘감은 구름 위에 앉은 화가는
대부벽大斧劈 소부벽小斧劈 장부벽長斧劈의 기법으로
두꺼운 외투 안에 숨겨놓은
봄을 꺼내 민트빛 세상을 그린다
꽃이 되어라
향기 되어라

빈집의 습관

무심코 떼어놓은 생각의 무늬들이
오랫동안 향기 묻어둔 빈집의 문을 열고 닫는다
해맑은 웃음소리 간간히 들려오던
목청 키우는 소리가 사라진지 오래된,
꽃 지고 난 뒤
바람 속에서 씨를 키우고 날리는 나무의 빈집

하늘과 구름이 두 다리 쭉 뻗고 쉬어가는
직박구리의 빈 둥지
금방이라도 들릴 것 같은
아이들의 해맑은 웃음소리가
햇살 아래 동그란 허리를 구부린
바람의 꽁무니에 줄을 선다
안방까지 차지하고 놀다가는
무료한 햇살이 모여든 그 집에
구름이 지나가다 큰 소리로 묻는다

누구 없나요?

|해설|

착한 풍경이 되다
—이형심 시집 읽기

신 병 은 | 시인

 잘 들어야 마음을 얻는다. 귀를 기울이면 그 마음을 얻을 수 있다. 헤겔도 마음의 문을 여는 손잡이는 바깥에 있는 것이 아니라, 안쪽에 있다고 했다. 함께 나누는 공감은 무늬가 있고 결이 있는 마음 나누기다. 그래서 시인은 사물을 새롭게 하기 위해 그리고 익숙한 것을 낯설게 하기 위해 자세를 낮추어 주의 깊게 사물들이 들려주는 이야기에 귀를 기울여 받아쓰는 사람이다.
 시는 세계의 마음을 담아내는 마음의 소리이기 때문에 어떤 상황의 어떤 대상과 통할 수 있어야 한다. 보여주지 않아도 헤아려 보고, 말하지 않아도 헤아려 듣는 호기심의 화법으로 나무와 풀과 꽃과 바람과 소통하는 공감화법을 펴야 한다. 꽃과 나눈 이야기는 꽃의 말이 담겨있고, 바람과 나눈 이야기는 바람의 말이 담겨있다. 그 마음이 곧 내 마음이기 때문이다.

 이형심 시인, 그녀가 산마루에 서면 산이 되고, 바닷가에 서면 바다가 되고, 강가에 서면 강이 되고, 꽃 앞에 서면 꽃이 되고, 바람 앞에 서면 바람이 된다. 연지 찍는 햇살이 나뭇잎을 톡톡 건드리는 풍경이고, 바람을 꼬득이고 손사래를 치는 사계절이 꽃이 피는 실경 서정의 풍경이다.
 그녀가 있는 곳, 그녀가 바라보는 곳이 절경이고 풍경이 된다. 절경은 시가 되지 못한다고 했는데 그녀에게 풍경이 곧 시고 시가 곧 풍경이 된다. 그녀의 풍경은 혼자 만드는 풍경이 아니라, 나무와 풀과 바람과 꽃의 이야기에 귀를 기울이며 그들의 마음을 얻어내고 그들과 함께 만들어가는 대동세상의 풍경이다. 소통의 풍경이면서 맑고 고운 순결의 풍경이고 사랑이 넉넉한 사람의 풍경이다.

 길 따라 걷는 그리움도 꽃이 되고, 떠나고 보내는 정도 그대로 풍경이 되어 있다. 바람에 하늘거리는 맑고 고요한 풍경 속 진술한 삶의 풍경을 읽어낸다. 풍경 속 풍경이 되어 다가온다. 그녀의 시의 화법은 나무와 풀과 꽃과 바람과의 공감화법이자 착한화법이다.

> 바다도 하늘도 살을 맞대고 사는
> 여자
>
> 새꼬막 낙지 전어 꽃게 쭈꾸미 새우 송어 소라처럼
> 꼼지락거리는 물 좋은 여자
>
> 밤낮으로 바람의 휘모리장단에 춤추는
> 칼칼하고 쌀쌀맞은 그 여자
> ―「여자도女自島」

그 여자女子가 그 여자汝自다. 바다와 하늘과 살을 맞대고 꼼지락거리는 풍경 속의 여자, 물 좋은 여자다. 그러면서 가끔은 바람의 장단에 춤추는 칼칼한 여자다. 동음이어의 섬 '여자도'에 관한 시다. 하늘 바다에 살을 맞댄 섬, 새꼬막 낙지 전어 새우 송어 소라가 꼼지락대는 섬, 바람의 휘모리장단에 춤추는 섬의 풍경 속에 안겨있는 여자다.

가만히 들여다보면 그 속에 또 다른 새로운 풍경이 안

겨있다는 것, 시는 그 새로운 삶의 풍경을 발견하고자 한다. 정지된 풍경이 아니라 살아 움직이는 풍경이다. 그 풍경 속에서 시인도 '아, 살아있구나' 라고 제 삶을 확인받는다.

 그래서 그녀는 시를 발로 쓴다. 사도, 장도, 가사리, 용호정, 백양사, 꽃섬, 연홍도, 와온, 노둣길이며 때로는 몸속으로 여행을 떠나기도 한다. 발길 닿는 곳이면 어디든 찾아다니며 동화 같은 풍경에서 길어 올린 동심을 고스란히 담아 놓고 있다. 어떻게 보면 그녀의 시는 풍경이 있는 곳에 대한 순례길이 된다.

 자전거 타고 굴렁쇠 굴리는 아이들이 있다 해안을 따라 미술관까지 자연으로 소통하는 포토존이 즐비하다 객을 낯설어하지 않는 집들이 파랗고 빨갛게 피었다
 패류 껍데기 나룻배 솟대까지 쓰레기들도 마을에 스며들어 숨 쉬는 예술이 살아난다 벽화가 흐리는 느림이 파스텔로 번진다 바다를 앞마당으로 담벼락이 바다 한가운데까지 자리 잡은 연홍도. 바람의 짠 내 조차 풍경화가 된다 동화 같은 마을에 설렘 주의보가 발령된다 연홍도는 섬 전체가 바다 이야기로 꿈틀거린다

  ─「동화 속 마을」

굴렁쇠 굴리는 아이들, 설렘, 조개껍데기, 솟대, 벽화, 파스텔로 번지는 동화 속 같은 예술의 마을 연홍도의 풍경이다. 바람의 짠 내 조차 풍경이 되는 동화 속 마을은 그녀의 마음 속 풍경이다. 연홍도는 동심으로 사는 마음의 빛깔이 하얀 여자가 사는 마을이다.

 생각이 톡톡 튀는, 때 묻지 않은 발상의 전환, 기억의 재소환, 생각의 산책로가 있는 풍경은 고스란히 시인의 마음속 풍경으로 자리한다. 시인은 더도 덜도 않고 늘 그렇게 있는 모습 그대로 풍경이 되어 살고 있다. '바람에 기댄 햇살도 한 발 한 발 스텝을 밟는 봄'도 만나고 '바람난 꽃처럼 흔들리고 싶을 때 꽃들의 민낯을 들여다보고, 수줍은 향기에 가만가만 흔들려보라'고 귀띔한다.

 동심으로 만나는 세상은 늘 새롭고 끝이 없이 열리는 세상이다. 한 장 한 장 책장을 넘길 때면 아이의 하루가 둥글어지고 아이의 잠도 한 페이지씩 깊어진다(「프리허그」).

> 포개어진 두 손을 꼭 잡고
> 길섶에 빨간 열매, 노란 꽃에 발길을 멈춘다
> 발아래 절구통만한 먹이를 물고 가는 개미를
> 종종걸음으로 쫓아간다
> 큰 뇌성소리가 들리는 하늘을 본다

비행기를 보고 어어 소리를 내며 손가락질 한다
버스 꽁무니를 따라 뛰어간다
나뭇가지에 앉아 있는 새를 부른다
날아가는 잠자리를 따라 춤을 춘다
길 가다 놀이터에서 장난을 치고 논다

'해찰하다'는 그 말

어른들은 몰라요
그 말 속에 참 배움이 있었다는 걸
— 「해찰하다」

  학교 끝나면 해찰하지 말고 바로 집에 오라던 말은 어릴 적 자주 듣던 말이다. '해찰하다'는 '어떤 일에 정신을 집중하지 않고 다른 일이나 쓸데없는 짓을 하다'는 뜻이다. 동심은 한눈팔고 해찰하기 일쑤라서 부모들이 걱정하는 마음으로 단속하는 말이다. 문밖에 나서면 해찰하고 싶은 것이 많다. 시인은 노란 꽃에 발길을 멈추고 개미를 종종걸음으로 따라가고 뇌성소리 들리는 하늘을 보고, 버스꽁무니를 따라 뛰어가고, 새를 불러보고, 잠자리 따라 춤을 춘다. 해찰하는 그 속에서 학교 교육보다 더 실제적인 참 배움이 있다는 것을 동심으로 깨우친다.

그녀에게는 언제 어디서든 언어들을 화릉화릉 꽃피우는 언어의 연금술사 손녀 시인이 곁에 있기 때문이다.

> 봄날, 바람이 조르르 길 가다가 눈 똥
> 연둣빛 똥이란다
>
> 꽁꽁 얼어붙은 땅속에서 살포시 눈뜨고
> 납작하게 엎드린 여린 잎들을 보는 순간
>
> '살아줘서 고마워'
> '응, 살아있어 행복해'
>
> 봄볕 속에 까르르 웃음으로 시작하는
> 아기의 봄날
> 봄향 가득 배어든 연둣빛 똥
> 백일 갓 지난 아기가 앙증스럽다
>
> ―「봄똥」

그녀의 사유는 생태주의 사유에 근거한다. 노자에 의하면 인간과 자연은 하나의 통일적인 세계를 구성하고 있어 서로 분리될 수 없다. 자연은 정복과 이용의 대상이 아니라 우리가 본받아야 할 지혜를 가지고 있는 존재로 함께 조화를 이루며 살아야 할 존재로 파악한다. 즉 인간은 자연의 흐름을 따름으로써 천지만물과 조화로울 수 있다고 한다.

인간은 땅을 본받고, 땅은 하늘을 본받으며, 하늘은 도를 본받고, 도는 자연을 본받는다.(人法地 地法天 天法道 道法自然 『노자 25장』) 자연은 우리가 단순히 알아야 할 대상이 아니라, 따라야 하는 공존의 대상임을 알게 된다. 자연에 따라 사는 사람, 자연적 본성에 따라 사는 사람, 순리에 따라 사는 사람, 그녀야말로 어디에도 거리낄 것이 없는 진정한 자유인이다.

두 팔로 불끈 흙더미를 밀고
여린 떡잎 하나 우주를 품고 있네요

계단을 오르다 눈이 마주친
감나무 아래 쓰레기더미 속에서
오롯이 고개 내민 고깔모자 쓴 떡잎

떡잎의 가는 숨소리
바람에 파르르 떨면서
첫 언어가 옹알이로 자라서
상처와 고통을 안으로 접을 때
햇살과 바람은 그래그래 소곤소곤 아옹다옹,

알았다는 듯 소통하지요

빠빠 마마 에비 지지
둥글둥글하게 발설된 것들

마음과 귀를 열어 놓으면
다 알 수 있어요
다 들을 수 있어요

—「떡잎의 발설」

 떡잎은 씨앗에서 처음 나오는 잎이다. 떡잎으로 처음 세상에 고개를 내미는 씨앗의 발설은 어떤 내용일까에 대한 이야기다. 무릇 새 생명들은 우주를 품은 숨소리며 첫 옹알이를 듣고 '그래 그래 소곤소곤 다옹다옹' 햇살의 다독임을 만난다. '빠빠 마마 에비지지' 둥글둥글한 떡잎의 발설을 듣는다.
 자연과 격의 없이 통하려면 존중하는 마음일 때 자연은 비로소 마음을 열어보인다. 그 순간에 떡잎의 마음을 읽을 수 있다. 시인이 자연과 하나가 되지 않고서는 알 수 없는 마음이 마음을 읽는 소통의 내용이다.

 오롯이 남아 있는 집터

빈집의 습관들이
밤하늘에 보석처럼 오돌토돌 빛나고
은목서 금목서 꽃향기가 바람결에 나풀거린다

수평선을 바라보던 배들이 키를 세우면
사람들은 들숨, 날숨 가쁜 호흡을 장도에 내려놓는다
이끼 낀 심연의 부스러기들도 내려놓고
바다가 누운 길 하얀 물보라를 마시며
수직의 길에서 수평의 길로 접어들기를 소망한다
ㅡ「섬이 있는 장도」

  장도는 도심 속의 작은 섬표다. 예울마루와 함께 여수의 문화예술 뿐만 아니라 시민의 자존으로 자리하고 있다. 은근한 매력이 있는 곳으로 옛 우물터며 집터가 빈집의 습관으로 남아있는 곳이다. 섬과 숨이 크로스오버 하는 곳이면서 수직의 길에서 수평의 길로 들어서는 섬이다.

  하루에 두 번 물길을 열어주는 섬이면서 오랜 삶의 원형이 남아 있는 기억의 섬이면서 그리움이 있는 섬이다. 멀리 있는 그리움을 만나는 초등학교 교실 같은 섬, 발길만 닿아도 탱탱해지는 고향 같은 섬, 기억 속의 사랑을 그리는 수채화 같은 섬, 오롯이 나만을 품어주는 뒷방 같은 섬, 가만히 나를 들여다보는 거울 같은 섬, 바람처럼 물처럼 가만가만 내 안부를 물어주는 섬으로 자리한다. 시인에게 장도는 함께 걷고 싶은 동화 같은 동행의 섬이 된다.

그녀에게 섬은 삶의 공간이면서 쉼의 공간이고, 아울러 섬사람의 섬이다. 요즘 시골이 그렇듯 섬에도 담장 너머 넘나드는 파도소리 같은 언어의 동문서답이 일상이 되어버린 미수가 지난 사람들이 살고 있다. 그 분들은 마음 안에 섬 하나씩 들이고 그냥 섬이 되어 산다(「섬사람의 섬」). 내 것도 네 것, 네 것도 네 것이 되는 세속적이지 않은 원형질의 삶을 사는 사람들이다. 억지로 혹은 계산적이지 않은 있는 그대로 사는 그녀의 삶의 상관물이 된다.

인간이 행복해지기 위해서는 인위를 배격한 자연으로 돌아가야 하며, 욕심을 버리고 무위자연無爲自然을 계승하면서 이 세상 모든 것은 하나님의 사랑 안에서 차별이 없다고 보는 것이 그녀의 세계관이다.

    검은 치마폭 같은 산자락에
    몇 가옥 집들이 어둠 속으로 사라지고
    산은 눈을 뜬다
    눈 비비며 불빛 살아나는 강둑에 서서
    물끄러미 강바닥을 응시한다

도도하게 흐르던 여름옷을 벗고
겨울옷을 입은 섬진강은 동안거 중이시다
뼈 속까지 드러낸 까만 바위들
산은 강을 안고 강은 산을 안고 흐른다
가파른 산굽이로 여울져 흐르는 휘모리장단이거나
느리게 휘돌아가는 진양조장단의 수런거림을
속 깊게 흐르는 이음새로 감추고
순리대로 살아가라고 귀띔해 준다
세월의 찌꺼기 다 흘려보내고
잠깐 머무는 사이
어딘가에서 두근두근 봄 숨 트는 소리 들린다
　　　　　　　　　　　　　 -「겨울 강가에서」

　구례 어디쯤에서 만난 섬진강의 겨울풍경이다. 겨울옷을 입고 조용하게 바닥을 드러낸 풍경도 만나고 한 계절을 지나온 겨울강에 안겨 있는 휘모리장단 혹은 진양조장단의 수런거림을 듣는다. 그리고 산 그림자 비친 풍경으로 강은 산을 안고 산은 강을 안고 사는 모습도 만난다. 무엇보다 그 겨울 풍경 속에 숨어있는 '두근두근 봄 숨 트는 소리' 듣는 시인의 들여다봄이다.

　겨울강은 공간과 시간의 양면성을 지니면서 공간이면서 시간이 된다. 공간적으로 서로 함께 어울려 사는 풍경 속 풍경이며, 시간적으로는 과거이면서 현재이고 미래인 겨울의 의미를 짚어내고 있다.

사물간의 차이점을 따지지 않고 통섭적으로 바라보는 안목으로 세상을 관조하며 사는 시인의 모습이 대견스럽다. 결국 하늘과 땅 사이에 있는 모든 사물이 서로 얽히고 뭉쳐서 하나의 전체를 이루며 산다는 것을 이해하게 된다.

> 몇 년 전 순례길,
> 움푹움푹 저 허공에 발자국들 꽃으로 피어난다
> 모래에 뒤섞이는 낙타의 방울소리
> 납작 엎드린 채 앞다리와 뒷다리를 꺾어서 머리를 조아린다
> 탈 때도 그랬고, 내릴 때도 그랬다
> 낙타가 휘청거리면 같이 휘청거리고
> 발끝에 뭉클한 촉감과 체온은 낯설었다
> 서걱거리는 굵은 모래와 황토색 바위들
> 두 사람이 함께 걷기도 빠듯한 구불구불한 절벽 길
> 한 발씩 옮기며 앞서가는 낙타가
> 베두인 손에 이끌려 터벅터벅 휘청거리듯 걷는다
> 별들이 보석처럼 쏟아지는 삼경三更에
> 달빛 편지 읽으며 시내산 오르는 길
> 사막은 웅얼웅얼 울음통이 된다
> 모래바람은 낙타의 속눈썹을 자라게 하고

목마름은 낙타등에 혹을 키운다
스스로 사막이 되지 않으면 살아갈 수 없는 곳
슬픈 고독으로 외로움을 기대는 곳
가파르게 오른 시내산에 여명이 떠오르자
무릎 꿇은 낙타, 순례자의 젖은 눈에
—「낙타가 우는 법」

  삶의 환경도 거룩한 풍경이다. 사막은 낙타의 삶의 공간으로 열대의 사막의 삶에 적응하는 것 또한 풍경이다. 낙타는 스스로 풍경이 되지 않으면 살 수 없는 사막에서 외로움과 고독에 길들면서 산다. 모래바람은 낙타의 속눈썹을 자라게 하고, 목마름은 낙타 등에 혹을 키운다.
  시내산으로 향하는 발길은 늘 모래뿐인 고난의 사막길이다. 그렇게 힘들게 오른 시내산은 하나님께서 모세에게 십계명을 주신 산이다. 출애굽기에서 가장 큰 상징적인 존재다. 외롭고 고독에 길들면서 다다른 낙타의 눈에 홍예가 피어오른다. 홍예는 대기 중에 떠 있는 물방울들이 햇빛에 굴절, 반사되어 반원 모양으로 길게 뻗쳐 나타나는 일곱 가지 색의 줄로 꽃 중의 꽃이고 삶의 꽃이다. 살아있음이 확인되는 순간에 피어나는 자유의 꽃이다.

시를 쓴다는 것은 익숙한 풍경 속에 안겨있는 낯선 풍경을 발견하는 일이다. '날아가는 까치가 앉았던 살구나무에 차가운 햇살이 짐을 푼다' '사람이 꽃이 되고 꽃이 사람이 되는데요' '머리에서 발까지 내 몸속에 얼마만큼의 그림자가 들어 있을까' 세상에는 새로운 것은 없고 새로운 관점이 있을 뿐이라고, 이미 존재하는 것을 다시 들여다보고 새롭게 재해석하고 재편집하는 일이라 했다. 이의령의 창조적 사유는 선택과 집중이 아닌 기호학적 개념의 선택과 결합의 구조라 했다. 공간을 편집하고 시간을 편집하고 이미지를 편집하고 시각과 청각을 편집한다.

  사소함 속에 숨겨둔 삶의 비경과 진실, 고정관념 너머의 것, 그리고 모르는 것을 알고 싶어하는 호기심에 의해 아무도 보지 못한 다른 모습을 보는 것, 재구성해 낸 것이 시다.

　　귓전을 스치는 감미로운 음악이며
　　빈부귀천 없이 주인공이 되는 드라마며
　　천국과 지옥을 오가는 영화며
　　현실을 풍자한 쇼 프로며
　　맛집 레시피며
　　동공을 흐리게 하는 단어들이며
　　외모 지상주의인 성형꽃이며

울음부터 시작하여 숨 쉬기 잠자기
누구나 해본 것들의 하나인 것들,

해맑은 아이의 웃음을
어머니의 심장을 닮은 바다를
물오른 오리나무 잎맥의 숨소리를
밤새 바다를 보초서는 달빛을
먹구름 걷어줄 바람을
엉킨 두 마음 풀어줄 기도의 손을,

낯설게 표절하고 싶은 풍경이다
―「표절하다」

그녀의 시는 낯설게 표절하고 싶은 풍경들이다. 상상은 없는 것을 생각하는 것이 아니라 있는 것을 다르게 보고 다르게 생각하는 것이다. 나의 선험과 관계된 나만의 관점에서 바라본 이야기가 시의 내용이 될 자격이 있다. 사소함 속에 숨겨둔 삶의 비경과 진실, 고정관념 너머의 것, 그리고 모르는 것을 알고 싶어 하는 호기심에 의해 아무도 보지 못한 다른 모습을 재구성해 낸다.

그러기 위해서는 자유자재로 관점을 바꿔가며 바라본다. 그녀에게서 관점을 바꾸는 일은 세상을 새롭게 구성하는 방식을 바꾸는 일이다. 재현이 아니라 편집이 창작이다. 그것이 바로 낯설게 표절하는 풍경이 된다.

그녀의 시 쓰기는 음악도, 드라마도, 영화도, 레시피도, 해맑은 아이의 웃음도, 어머니의 심장을 닮은 바다도, 물오른 오리나무의 숨소리도, 달빛도, 바람도, 기도의 손도 표절한다. 즉, 세상을 표절하는 일이 그녀의 일상이다. 그런 안목의 시인은 사람이 떠난 빈 집의 고요한 풍경 속에 낙엽의 수다가 한창인 가을이 살고 있음을 발견한다.

무심코 떼어놓은 생각의 무늬들이
오랫동안 향기 묻어둔 빈집의 문을 열고 닫는다
해맑은 웃음소리 간간히 들려오던
목청 키우는 소리가 사라진지 오래된,
꽃 지고 난 뒤
바람 속에서 씨를 키우고 날리는 나무의 빈집

하늘과 구름이 두 다리 쭉 뻗고 쉬어가는
직박구리의 빈 둥지
금방이라도 들릴 것 같은
아이들의 해맑은 웃음소리가
햇살 아래 동그란 허리를 구부린
바람의 꽁무니에 줄을 선다

안방까지 차지하고 놀다가는
무료한 햇살이 모여든 그 집에
구름이 지나가다 큰 소리로 묻는다

누구 없나요?
― 「빈 집의 습관」

　대학大學에는 제대로 보고 제대로 들을 때 새로운 것이 보인다(心不在焉 視而不見 聽而不聞 食而不知其味)고 했다. 일상을 잘 들여다보라며 일상의 이야기를 시청하지 말고 견문하라고 주문한다. 시청은 모두가 보는 것을 보는 것이라면 견문은 아무도 생각하지 못하는 것을 생각하는 것이기 때문이다.
　그래서 시 창작은 가만히 잘 들여다보는 일부터 시작된다. 그러면 그 속에 그동안 보지 못했던 모습이 보이고 소리가 들린다. 그것이 시의 자리가 된다. 본다는 것의 정확한 의미는 '아는 만큼 보는 것'이다. 아는 만큼 보이고 들리기 때문에 잘 보기 위해서는 먼저 아는 것이 많아야 한다. 머릿속에 있는 지식의 총량을 스키마라 하는데, 스키마의 양에 의해 보고 듣는 힘이 달라진다. 그래서 경험이 중요하다. 제대로 보는 눈은 경험에서 비롯되기 때문이다.
　새롭게 본다는 것은 아는 것을 어떻게 활용하는가의 문제로 이는 발상의 전환이다. 세상의 모든 창작은 없는 것을 만들어낸 것이 아니라 있는 것을 어떻게 새롭게 읽고 이해하느냐의 문제다. 있는 것들을 만나게 하고 소통시키다 보면 또 다른 새로운 것을 만나게 된다. 이를 컨버전스convergence라 한다. 이질적인 것들이 부딪히고 반응하는 과정에서 각각 다른 풍경이 태어나듯, 시는 사실과 허구 사이를 오가며 인지하는 것과 실제 존재하는 것의 틈을 확인하는 것이다.

대상을 살펴 분해하고 조립하여 다른 생각을 하는 일이다. 그러면 늘 보아오던 낯익은 일상은 새로운 의미 존재로 재발견되는 것이다. 사실 시는 다큐다. 다만, 시는 다큐보다 그 위에 있는데 그것이 바로 상상력이다. 시는 다큐의 가메라가 놓친 10%까지 파헤친다. 즉 사물을 사물 그 자체로 온전히 본 다기보다는 그 사물의 보이지 않는 부분까지 관찰한다는 뜻이다.

다큐가 놓친 10%가 상상력의 자리다. 상상력, 창의력은 의외로 평범한 일상, 낯익은 일상에서 나온다. 문제는 어떻게 다르게 볼 것인가의 문제인데 다르게 본다는 것은 개념을 다르게 읽는다는 의미이기도 하다. 모든 개념, 의미는 상황에 따라 다르다. 시간의 개념, 사물의 개념, 너에 대한 나의 개념이 단 한순간도 같은 때가 없다. 다르게 파악되는 의미가 바로 시의 자리다.

이형심 시인은 잘 들여다보는 눈이 밝고 마음이 맑은 시인이다. 「빈집의 습관」에는 '무심코 떼어 놓은 생각의 무늬들이 오랫동안 향기 묻어둔 빈집의 문을 열고 닫는' 집이며, '꽃 지고 난 뒤 바람 속에서 씨를 키우고 날리는 나무의 빈집'이며, '하늘과 구름이 두 다리 쭉 뻗고 쉬어가는 직박구리의 빈 둥지'도 빈 집으로 보여준다. 그리고 해맑은 아이들의 웃음소리가 햇살 아래 동그랗게 허리를 구부린 바람의 꽁무니에 줄을 서는 빈집이다. 누구 없냐고 지나는 구름이 큰 소리로 묻는 빈집이다.

같은 이미지로 쓴 「가을이 살고 있는 집」의 풍경 역시 풍경을 잘 들여다보고 있다. 소리꽃 활짝 핀 마당이며 삶의 유효기간이 끝나지 않은 낙엽이며, 빈 곳의 관절을 덮어주는 햇살이며, 어깨 툭 치고 지나가는 고요며, 겨울 이불의 두께를 더해주는 잎을 본다.

을씨년스런 가을 풍경 속에 안겨있는 살아있는 풍경의 표절이 아닐 수 없다. '길 너머의 길'이 되고 '어떤 체위로도 그대로 받아들이는 바람이 되고' 때로는 '함부로 열어볼 수 없는 백팩, 바케트백, 클러치백'이 된다. '여자는 밖에 있지만 안에 사는 여자가 있다'고 고백도 한다. 시인의 시간은 발효의 시간이다.

담홍빛 포도주잔을 들고
만삭되지 못한 나를 봅니다
마음속에 꽁꽁 묶여있던 매듭을 풀고
구멍이 숭숭 뚫린 숨 쉴 틈을 갖는 시간
모나고 거칠고 성숙되지 않는 마음을
곡선으로 다듬어 줍니다
응어리진 말들이 흥건히 잔에 곁들고
삭을 대로 삭아서 물컹해진 말들,
곰삭인다는 것,
가끔 부풀어 오르는 나를 다독이며
땟국 묻어 있는 거칠한 시간의 무늬를 지우는 것
가슴에 가득 채워도 좋을 잘 익은 포도주처럼
입가에 피어나는 말들을 보듬어 안고
푹 발효되면
다 내어 주어도 아깝지 않는 사랑 꽃이 피지요
─「발효의 시간」

  부활절 아침 성찬식에서 포도주 잔을 들고 만삭되지 못한 자신을 들여다본다. 그녀의 발효의 시간은 묶여있는 삶의 매듭을 풀고 숨 쉴 틈을 갖는 시간이다. 성숙되지 않은 마음을 곡선으로 다듬어 주고 거칠한 시간의 무늬를 지워주는 시간이다. 다 내어 주어도 아깝지 않은 사랑 꽃이 피는 시간이다.

산다는 것은 스스로를 발효시켜가는 과정이다. 스스로 다독이고 위로하며 삶의 의미를 찾아가는 발효의 과정이다. 그 발효의 시간을 통해서 일상의 장엄함을 발견하는가 하면, 일상적 언어의 의미를 재창조한다. 모든 상상력은 경험의 발효에서 발아한다. 천 가지 경험이 하나의 아이디어를 만든다고 한다. 시 창작은 끊임없는 타자와의 대화이자 소통의 방식으로 삶을 새롭게 인식하는 발효의 여정이다.

시인은 풋사과를 한 입 베어 물면서 접두사 '풋'이 생각나 입 안 가득 풋내를 낸다. 조금 덜 익은 덜 여문 '풋'이 풋풋한 우정, 가슴 풋풋한 사랑으로 번져 풋풋했던 한 때를 떠올리게 된다(「접두사 풋」) 서로가 서로에게 별과 별을 이어가는 맑은 아침의 말, 향기 풋풋한 말, 말 꽃을 피우는 말 「새벽을 깨우는 소리」를 만나고, 정신이 오락가락하는 그녀를 엿보며 그녀만의 빛깔로 잘 익어가기를 기도한다.(「그녀를 엿보다」)

그녀의 시선은 이제 치매 걸린 노인에게 옮겨간다. 이러한 시선 이동은 자연스럽다. 한때 어린이와 생활했고 지금은 노인의 일과에 보폭을 같이 하기 때문이다. 아이를 보는 관점과 노인을 바라보는 관점이 같다는 생각이 가능해진다.

횅하다
빛바랜 성경책에서 묵은 냄새가 난다
헌칠하게 잘 생긴 남자는 액자 속에서 환하게 웃는다
겨울 채비로 단단히 여며 놓았던 서랍 속에서
동면하던 꽃잎이 기지개를 켠다
옷장 구석에 반짝반짝 잘 닦여진
무료하던 검정 구두도 무릎을 세운다
날이 선 양복바지, 넥타이, 하얀 와이셔츠
그를 감싸고 있던 젊은 날을 되새김질한 흔적들이
화려하고도 고요하다
쩌렁쩌렁한 목소리의 완고함이나
한 걸음 한 걸음 허투루 내 딛을 수 없는 정갈함은
한 뼘 남은 햇살 끝에서 무너져 내린다
'맡겨 놓은 도장을 달라, 가져간 안경을 달라, 지갑을 내 놓으라'
치매를 앓고 있는 노인의 구멍 난 기억의 퍼즐들
그래도 진달래꽃 화전을 빚은 날에는
모과나무 겨드랑이에서 모과 꽃 피듯 화르르 웃음꽃이 핀다
얼어붙은 기억의 찰나,
참 무심하다

—「구멍 난 기억」

 노인의 젊었을 적 사진 속 모습과 현재의 모습이 대비되어 한편의 드라마처럼 다가오는 풍경이다. 화려하고 고요한 젊

은 날의 흔적이, 쩌렁쩌렁한 목소리의 완고함이 빛바랜 성경책에서 묵은 냄새가 나듯 한 뼘 남은 햇살 끝에서 무너져 내리는 삶의 풍경이 참으로 고즈넉하다. 구멍 난 기억의 풍경이 눈앞에서 보는 듯 선명하다

    '임자와 나 사이를 뭐라 하지?'
    '웬수'
    '네 글자로 뭐라 하지?'
    '평생웬수'

    할아버지와 할머니
    마주보고 있으나 아무 말이 없다
    고목이 된 은행나무처럼
-「천생연분, 은행나무」

 이 짧은 대화 속에 고목이 된 두 그루의 은행나무 같은 노부부의 격의 없는 관계를 보게 된다. 연인에서 부부로 부부에서 격의 없는 친구관계로 전이되는 삶의 풍경여정이다.
 시 창작은 이렇듯 일상에서 새로운 의미를 발견하는 즐거움이다. 세상에 내장되어 있는 우리가 평소에 읽어내기 어려운 삶의 기호를 드러내 보여주는 작업이다.

좋은 시는 세상 모든 것들과 통용되는 언어를 구사한다. 넓고 깊은 소통의 힘을 지니고 있는 언어는 바로 자연과 소통할 수 있는 언어다. 자연과 함께 소통하며 자연이 전해주는 메시지를 이해할 수 있고 읽을 수 있어야 한다. 돌, 풀, 바람, 꽃, 나무, 나비 등의 대상과 현상 앞에 쪼그려 앉으면 참으로 많은 것을 배울 수 있다.

그래서 시는 풍경 속 그림을 보는 것이고 그림은 풍경 속 시를 보는 것이다. 그녀의 이러한 풍경 체험이야말로 그대로 마음속에 있는 생각을 다른 사람의 마음에 옮겨 놓음으로써 마음의 수혈을 가능하게 하는 장치다.

「생각의 탄생」에서 '발견은 모든 사람들이 보는 것을 보고 아무도 생각하지 않는 것을 생각하는 것으로 이루어져 있다'고 했다. 세상을 바꾼 힘은 다르게 보는 작은 눈이다. 즉 상식을 뛰어넘은 상상의 눈, 변화를 꿰뚫은 통찰의 눈, 통념을 뛰어넘는 혁신의 눈이다. 이런 안목으로 우리에게 익숙한 사물과 일상을 낯설게 바라보는 일이 시창작이다. 질서화된 풍경을 열심히 의심해 보고, 나무와 풀 바람 햇살의 일상을 살펴보는 일이다.

이형심 시인에게 일상의 풍경, 자연의 풍경이 사람의 풍경이고 곧 시의 자리다. 그녀의 시 한 편 한 편은 그녀가 따뜻한 동심과 배려의 화법으로 키운 그리움이고 사랑이다. 시인 자신에게 보내는 편지이면서 모든 그리운 이에게 보내는 동심의 전언으로 닫힌 마음의 물꼬를 터준다.

그녀의 시는 입으로 발화되는 것이 아니라, 마음으로부터 우러나오고 전해지는 것이기에 잔잔한 울림으로 다가서게 된다. 그녀의 풍경을 한 편 한 편 넘기다 보면 우리의 하루가 둥글어지고 깊어져 마음속이 온통 환하게 맑아지는 것이다. 너무 가깝지도 멀지도 않은 적당한 거리에서 세상을 새롭게 만나고 새롭게 풀어낼 수 있기 때문이다. 그것은 관심과 배려로 풍경을 별일 없는지 살펴보는 일이면서 우리가 미처 못보고 놓친 것이 없는지 잘 들여다보는 일이다.

그녀의 언어가 착한 풍경으로 다가오는 이유가 여기에 있다.